刑事裁判物語

裁かれるべきは誰か

酩酊《めいてい》えん罪

石原悟
松井清隆
著

現代人文社

刑事裁判物語

酩酊えん罪　裁かれるべきは誰か

◉はじめに

「やっていないことを認めるつもりはありません」

全ての冤罪裁判はこの一言を証明するために行われているといっても過言ではないと思う。

裁判を続け無罪を勝ち取るためにはそれこそ膨大な時間と労力、そして多大な精神的また経済的な負担を求められる。

闘い続ける最大の理由は己を含む家族の人生、プライドを守るためである。

しかしながらその道は果てしなく険しい。警察による乱暴な捜査、検察の一方的な理由による独占的な起訴がある。「警察官の言っていることだから信用できる」という理由で検察の主張を認めてしまう裁判官も多い。長期間にわたり身体を拘束され身体を壊す者、職を失う人間も決して少なくない。「罪を認めればすぐに終わる、認めなければ何年かかるかわからない」という警察や検察の言葉にはじまり精神的、経済的、肉体的な苦しみからやってもいない罪を認めてしまう者もいる。これらのことから刑事裁判においての有罪確定率は九九・九%になる。言い換えればいくら無実を主張しても曖昧な証拠によりほぼ一〇〇%の人間が有罪とされているのが現在の刑事裁判だというのが実体験を通じての私の素朴な感想である。

今後導入されると言われている裁判員制度にはこのような現在の裁判制度の改善を期待したい。

裁判を闘って行くにあたり真剣に取り組み、さまざまな視点から理論を構築し闘ってくれる弁護士は必要不可欠であることは言うまでもない。

また、裁判を続けている間の精神的な疲労にも打ち勝たなければならない。

裁判を続けている間は寝ても覚めても裁判のことを忘れることができない。逆に言えば勝つためには片時も裁判のことを忘れてはならないのかもしれない。

私はこの裁判の間に同居していた祖父母の両名を失ったが、裁判は個人的な事情など当たり前のように考慮してはくれない。

長い裁判期間の中で時には僅かばかりの気分転換も必要である。

幸い自分には近所に甥が住んでいたためにこの点はとても助かった。何も知らない無邪気な子どもに接することで心が和んだ。私の気持を察した家族の配慮だったと思っている。

時に甥が表紙にパトカーの写っている「はたらくくるま」という絵本を持参して来たことがあった。パトカーが目に入ると一瞬複雑な感情が心を巡るが顔には出さなかった。

まだ何もわからない子どもに先入観を与えてはいけないと思っているからだ。パトカーや救急車、消防車などの緊急車両の名前を読み聞かせた。

「一番好きなのは消防車！」甥っ子のそんな言葉一つで心が和んだ。

＊

弁護士また家族や友人など、この裁判において私を囲む人間、環境には恵まれていたと思っている。

とくに西村國彦弁護士、松井清隆弁護士、望月賢司弁護士をはじめとするさくら共同法律事務所の全てのスタッフには本当に感謝している。

本書を通じて裁判期間中の私の気持、刑事裁判の難しさを多くの人に知って貰うことを強く願っている。

二〇〇二年一二月

石原　悟

第一部 酩酊

第二部 起訴

第三部　公判

第一部

酩酊

合コン

平成一二年六月二日金曜日。夕暮れ時の池袋の街。

石原悟は時計の針が七時を指しているのを見て歩くスピードを早めた。

合コンのスタートが七時だったからだ。

悟は身長一七五センチ、体重六七キロの中肉中背。スポーツをやっているので筋肉質の身体である。東証一部上場企業の関連会社に勤め、業務内容は総務。

合コンは五月に行ったキャンプの打ち上げを兼ねていた。

一次会の場所は池袋駅西口の近くにある洋風居酒屋で、悟はあと徒歩三分のところ。今日の合コンは職場の先輩である寺崎が企画してくれたものだった。集まるメンバーは男性四名女性四名の合計八名。男性陣は同じ職場の同僚と先輩で、キャンプやスキーに一緒に行く仲間だった。女性陣は同僚の柴山千歳とその友人達だった。柴山千歳はチャーミングな女の子で、悟と同じ業務課というセクションで働いていた。後輩にあたる。

前回キャンプの参加者は合計七名だったのだが男と女の人数を合わせようと千歳が気をきかせたので、キャンプには参加しなかった千歳の友達を一人呼ぶということになっていた。

悟は前日仕事の合間に千歳から
「石原さんっ！明日はコンタクトレンズで来て下さいよ。絶対その方がいいから」

「必ずですよ」

と念を押されていた。

　普段は眼鏡をかけている。眼鏡にしたってコンタクトにしたって特別変わりはないと思っているが、一応合コンらしいし、たまにはいいかな、そう思ってこの日はコンタクトレンズで出勤することにした。

　洋風居酒屋はホテル・メトロポリタン前にあるビルの三階にあった。

　中に入るとすでに賑やかで、二十代、三十代の若いサラリーマンやＯＬで混み合っていた。金曜日の夜だったせいか店内はほぼ満員であった。

　悟がきょろきょろと店内を見渡していると座敷のほうから声がかかってきた。

「悟、ここだ、ここだ」

　先輩の寺崎だった。

　寺崎は悟より三歳年上の先輩で、悟が池袋支店に転勤になってから何かと世話を焼いてくれている。いつも笑顔を絶やさない優しい先輩で、友だち付き合いをするようになってから二年になるが、怒られたことは一度もない。

　座敷の八人掛けのテーブルには既に女性陣四名が揃っていた。しかし、男性陣は先輩の寺崎と同僚の五味二人だけで、豊田健一はまだ来ていなかった。女の子達は壁際のほうに四人並んで座り、女性同士で話し合っている。

　悟は寺崎の手招きに応じて彼の隣に行った。

　寺崎と軽く会話を交わしながら、テーブルを挟んで目の前にいる四人の女性のほうをちらっと盗み見た。柴山は相変わらずチャーミングに微笑んでいる。残りの女性のほうに目をやると女性陣の方から悟に対して「お疲れさまです」と言ってきた。

悟も「お疲れさま」と答えてからゆっくり腰を下ろした。

悟は寺崎と話しながらこれなら眼鏡でもよかったと思ったが、もちろん顔には出さない。

「石原さん、この子がチイの友達の美紀ちゃん。ホントはキャンプも行きたかったんだよねー」

「はじめまして美紀です。私キャンプって行ってみたくって。石原さんはキャンプ得意なんですか？今度は是非仲間に入れて下さい」

「ああ、今度は是非参加して下さい。まあ俺はそれ程得意ってわけじゃないけど、寺崎さんや豊田さんみたいなキャンプ大好き人間がいるから楽しいと思うよ」

「じゃあ今度は必ず美紀ちゃんも行こうね」

寺崎、五味、悟の三人は千歳が話のきっかけを作ってくれるお陰でワイワイと話ができていた。

悟が前回のキャンプにも参加した工藤姉妹と話をしていると、ビールの入った大きなピッチャーがテーブルに置かれた。

「豊田は仕事で少し遅れるそうだから、先に始めましょう」

寺崎が幹事としてその場を仕切り始めた。

お酒が加わったことで場はいっそう盛り上がっていた。後は仕事で遅れている豊田を待つばかりだ。

工藤妹は豊田目当てなのか、豊田が遅れることを聞いて、少しがっかりしている様子だった。

乾杯後、寺崎が急に声を小さくして口元を悟の耳に近づけた。

「悟、これまで黙っていたんだけど、実は、最近千歳と付き合うようになったんだ」

「えっ本当ですか」

「ああ、黙っていて悪かった」

「いや、そんなことは。寺崎さん本当によかったですね。念願かなったって感じですね」

「ああ、ありがとう」

寺崎はバツイチだった。悟はそんなことは全く気にしなかったが、寺崎は恋愛に少し臆病になっていた。そんな寺崎は以前から千歳に好意を抱いており、それを知っていた悟は、いつももどかしく感じていた。

千歳がよく気の付くいい子であることも知っていたし、二人を何とかくっつけてやりたいと思っていた。千歳には、寺崎が悟にとっていかに素晴らしい先輩かという話を休憩中にしていた。

しかし、悟の心配をよそに、寺崎はいつの間にか自分の殼を破って恋愛に前向きになっていたのだ。そして、千歳と付き合うようになった。池袋支店に転勤してから寺崎には公私にわたって世話になっていた悟は、とても嬉しく感じた。

「寺崎さん。おめでとうございます。乾杯させて下さいよ」

寺崎のほとんど空になっていたグラスにビールを注ぎ、自分のグラスにもビールを満たした。

二人は千歳からは見えないようにテーブルの下のほうで小さく乾杯をした。

これをきっかけに楽しいお酒がどんどん進んだ。

悟はどちらかというと下戸である。酒を飲むのは月に一・二度ある飲み会程度。彼は、二年ほど前にパンクラスという総合格闘技を習うようになり、肉体を鍛錬していた。離婚という痛手から立ち直るためと、精神的にも肉体的にも強くなりたいと思ったことが動機だった。パンクラスは練習時にスパーリングがあるし試合もある。相手とがっぷり四つに組んで闘うためには酒を控えた方がよい。酒を飲むと持久力は落ちるし、筋肉が硬くなる。

悟は普段酒を飲まないが、飲むときは酒に呑まれてしまう。

この日は合コンだったので、グラスを空けると、目の前にいる女の子達がすぐピッチャーからついでくれる。

それでついつい悟は豊田が来るまでにしこたまビールを飲んでしまった。いつのまにか空のピッチャーは四つになった。

相当酔いが回ったころになって豊田が現れた。

工藤妹はすごく喜び、自分の隣に座るようにという仕草をした。クールな豊田はそれを見て見ぬ振りをして、男性陣のほうに座った。

再び乾杯をした後、豊田は先月仲間達で行ったときのキャンプの写真をテーブルに広げた。楽しそうな顔をした写真ばかりだった。このときの思い出話を酒のつまみにしてどんどん酒が進んだ。さらにピッチャーを追加した。

悟は、寺崎と話し合ったり、写真を見ながら豊田とキャンプでのエピソードを語り合ったり、女の子と好きな映画の話をした。一次会は九時でお開きとなったが、それまでに悟はビールを三リットル以上飲んでいた。

悟は酒に酔っても顔が赤くなるタイプではない。この時点でも顔は赤くなっていなかった。しかし、一次会が終了するころには、酔いが相当回り、半ば魂が抜けたような状態であった。

精算は割り勘だったが、寺崎は、悟が酩酊していたことが判ったので、悟の分まで立て替えてやった。

居酒屋を出た後、一行は二次会としてカラオケボックスに入った。

ボックスに入ると、最初、誰が初めに歌うのかで牽制し合っていたが、勇気ある女性が最初に一曲目を歌い始めた。工藤妹であった。歌は全くダメだったが、これは次に豊田に歌わせるための戦略だった。工藤妹は豊田の歌の巧さが半端じゃないことを千歳から聞いて知っていたのだ。豊田は自分からは歌おうとはしない男だ。工藤妹は、一次会のときに既に豊田の性格を見抜いたようで、自分が歌った後で豊田を指名すれば、彼が歌うしかないと考えたのだ。

その戦略はものの見事にあたった。豊田は渋々ながらも二番目にマイクを握った。福山雅治の爽やかな曲をハートフルに歌い上げた。豊田の歌声が心に響く。女性陣から喝采があがった。

カラオケで歌うのが苦手な悟はなるべく歌わなくて済むように目立たないようにしていた。ビールの飲み過ぎで少し気持ちが悪くなっていたが、飲んでいれば指名されないだろうと思い、ちびりちびりとウイスキーのジンジャーエール割りを飲んだ。悟は朦朧としながらも楽しい雰囲気を味わった。

タイムアップとなったので、店の外に出た。

ふと横を見ると、寺崎が隣に立っていた。

「おめでとうございます。寺崎さん、何でもっと早く教えてくれなかったんですか」

悟は寺崎の背中に後ろから抱きついた。

寺崎は嬉しい悲鳴をあげて抱きついてきた悟の腕を軽く叩いた。

錯覚

悟達は解散をした後、各自が池袋駅に向かった。

周りには同じ様に酔って大声を上げている人がいた。

悟は既に酩酊し、足下をふらふらさせながら歩いていた。

酒の酔いは完全に回っていて、もう意識レベルは相当低くなっていた。どこをどう歩いているのか認識したり記憶したりすることができない状態だった。

駅に向かう途中ふらふらして地面に倒れそうになった。悟自身は酔っていたので地面に倒れそうになったことすら判らない。

悟は気付かないまま豊田らの集団と離れ、豊田らに少し遅れてJR池袋駅の改札を通った。酔いが悟を支配していた。プラットホームに上がり山手線に乗ったが、自分自身の行動を意識することはできなかった。普段の通勤では池袋駅から山手線に乗って新宿駅まで行き、新宿で中央線に乗り換えて三鷹駅まで行く。池袋駅から山手線に乗ることは体が記憶していた。乗ってから間もなくして席に座り、そして無意識のうちに眠りに入った。

悟が乗った山手線は午前〇時一九分に品川駅に到着した。品川駅止まりであった。

座席で眠っていた悟は駅員に起こされた。悟は深い眠りに入っていて朦朧としていたので、誰に起こされたのか判らない。とにかく電車からプラットホームのほうへ追い立てられた。どの駅のどこの階段を昇っているのか判らなかった。見上げると蛍光灯が目に入った。女性が小走りに階段を上っていった。悟は判然としないまま階段を上ろうとした。

ふと気付くと暗がりの中、地面の上で目を覚ました。仰向けになって寝ていたのだ。

そこは、品川駅中央改札口外側のすぐ左側にある西口東西自由通路だった。さらに左に進むと高輪口(西口)へ降りる階段がある。通路の幅は約二六メートルで、まばらな状態だが通行人が歩いていた。

通路内には地面から天井に向けて何本もの円柱が立っていた。円柱は直径二メートルほどで、柱の表面には広告物が表示されていた。暗がりの中で、その広告物が弱く光を放っていた。通路の天井や構内の天井にはいくつか照明器具が設置されていたが、その時刻には減灯状態であった。周囲の照明器具などが余り光を放っていなかったので、現場は暗かった。

悟は暗がりの中で目を凝らすと、頭を改札口シャッターのほうに向けて寝ていたことが判った。改札口シャッターは構内の天井まで届くものではなく、天井から数メートルのところは空いていた。その改札口シャッターが構内の内と外を隔てていた。

時刻は午前一時三五分。

ここがどの駅なのか悟には皆目見当がつかなかった。品川駅で降車したことがなかったからである。

酔いと睡魔で頭が朦朧としていた。ふと横を見ると豊田が通路の床のうえで仰向けに寝ている。手の届く距離にいた。気持ち悪そうにうなされていた。二人で酔いつぶれたのか。悟はこれまで酒に酔って失敗したことが何度かある。

悟自身気持ち悪かったが、うなっている豊田を見ると、しょうがないなと思いつつ、心配になった。初夏とはいえ、駅の通路上で眠ったままでは風邪をひくかもしれない。横になった姿勢のまま声をかけてみた。

「豊田さん」

「んんっ」

豊田から声にならない返事があった。とりあえず目を覚ましたようだ。

飲み過ぎたことを少し後悔しながら、朦朧とした頭で何をすべきかを考えてみた。頭に霞がかかったような状態なので、思うように考えをまとめることはできなかった。

経験から飲み過ぎで終電を逃してしまったのだと思った。酩酊しているのでタクシーで帰るしかない。豊田さんもタクシーに乗せなきゃいけないな。自分は三鷹のほうで豊田は浦和市内の実家に住んでいる。

ふと財布の中身が心配になった。会社を出るときは一万七千円のお札があった。居酒屋やカラオケボックスに行ったので財布にはもうほとんどお金は残っていない。自宅までタクシーで帰るお金はない。豊田さんはどうなんだろう。自宅までタクシーで帰るお金を持っているんだろうか。余裕があれば一緒にタクシーで帰ろう。一緒に帰宅するための道筋をぼんやりとした頭で考えた。そして、豊田がお金を持っているか確かめるために
「豊田さん……お金、お金」と声をかけた。

ろれつが回らない。

「……カバン……カバン……」豊田が横になった姿勢のまま答えた。

鞄の中にお金があるのか。

悟はゆっくりと起きあがり豊田に近づいた。

豊田は鞄をたすき掛けにして首から鞄を掛けていた。力を入れて仰向けに寝ている豊田の体をかかえ起こし、首からかかっていた鞄をはずした。悟の動作は緩慢だった。体を起こすとき豊田は気持ち悪そうにうなった。

悟は暗がりの中で鞄を開けその中に手を入れた。

一番最初に手に触れたのは封筒だった。

鞄から封筒を取り出し、中を見ると紙幣が数枚入っている。なるほど、豊田さんが「カバン」と言ったのはこのことか。紙幣を取り出すと、封筒を鞄の元の場所にきちんと戻した。そして、通路側に向か

って座りながら紙幣を数えてみた。何度か数えてみたが、数が頭に入らない。結局、何枚あるか数えるのを諦めた。

悟は、紙幣をワイシャツの胸ポケットに突っ込んだ。次はタクシーだと思いながら、ゆっくりと立ち上がった。悟は品川駅で降りたことが過去一度もなかった。どっちのほうに行けばタクシー乗り場なのか判らなかったが、明るい照明のある階段の方に行くことにした。高輪口へ降りる階段である。

誤認逮捕

三歩ほど歩いた。

「おいっ」

と声をかけられるや、左脇腹に痛みが走った。

柱の陰から悟の行動を観察していた男が走り寄り、悟の左脇腹にボディブローを入れたのだ。

一瞬何が起こったのか判らなかった。

「今、数えていたものを出せ」

男が怒鳴りながら悟の胸ぐらを強く掴んだ。その拍子にワイシャツの第三ボタンが布地ごとはじけ飛んだ。ボタンは下に落ちころがり、悟はころがるボタンを目で追った。周りは暗かったが、わずかな階段からの照明でかろうじて転がるボタンは見えた。

悟は何が起こったのかまだ冷静に状況判断をすることはできなかったが、男の言われるままに胸ポケットからお金を出した。すると、男はひったくるようにお金を取り、胸ぐらを掴んだ手を放した。

叩かれた左脇腹を押さえながら冷たい通路に落ちたボタンを拾うためにしゃがんだ。

「このお金を今盗んだだろっ。酔ったフリすんじゃねえよっ」

上から罵声を浴びせられた。悟はなぜこのような乱暴な目に遭って暴言を吐かれなければならないんだろうと思った。

「してません。盗みなんかしてません。酔ったフリなんかしてないじゃないですか」

そう言い返すのが精一杯だった。そして、拾ったボタンをポケットに入れながらゆっくりと立ち上がった。

「なにっ」

男は怖い形相を悟に向けながら今度は悟を投げ飛ばそうとした。

左手で悟のズボンの後ろをつかみ、右手で悟の腕をつかんで、左足を悟の右足に引っかけて投げ飛ばそうとしたのだ。悟はパンクラスのトレーニングを積んでいたのでそう簡単に投げ飛ばされることはない。下半身に力を入れて踏ん張ったので投げ飛ばされずにすんだが、ビリッという音がした。悟のズボンが破れたのだ。

男は投げ飛ばすのに失敗したため怒りで一層興奮していた。憎しみを込めて悟を睨みつけた。憎しみに歪んだ男の表情は醜い。悟は内心恐怖を感じた。

男はこのときようやく自分が警察官であることを名乗り、豊田のほうに近づいて、軽く体を揺すった。

豊田に警察官であることを告げた後、悟のほうを指さしながら質問した。

「警察の者です。今スリに狙われたんですよ」

豊田が確認のために悟のほうを向き悟をじっと見つめた。

驚いた。

顔が違う。

豊田ではない。

頭が混乱した。

悟は通路に仰向けで寝ていた男が豊田ではないことに気付いたのだ。

「そんな。ばかな」

呆然とした悟に刑事が近づいてきた。刑事の名は川辺。

川辺刑事は悟の腕を掴み手錠をはめて、連行しようとした。

「ちょ、ちょっと待って下さい。」

ようやく声を絞り出すことができた。川辺刑事は話を続けようとする悟を制止した。

「いいから来い」

川辺刑事は悟をグイグイ引っ張りながら強制的に連行した。川辺刑事の口調はきつく高圧的だった。

やむをえず従い、左手の階段のほうに向かった。

階段の途中で川辺刑事に訴えた。

「盗みなんてしてません」

「署に着くまで黙ってろっ」

きつい言葉が悟の胸に突き刺さる。

階段を降りて右手のほうに少し歩くと交番があった。

交番に着いて悟が口を開けようとすると怒鳴り声で制した。

「後で聞いてやるから黙ってろっ」

サイレンを鳴らしたパトカーが交番の前で止まった。

後部座席のドアが開き、悟は押し込められた。不安になって声を絞り出した。

「刑事さん、盗みなんかしてません。間違えただけなんです」

「しゃべるな。署につくまで黙ってろっ」

この一言が悟の言葉を遮った。

刑事部屋

パトカーが高輪警察署についた。二階にある大きな刑事部屋に連行された。

刑事部屋には川辺刑事がいた。

川辺刑事はまだ興奮しているようで態度は粗暴だった。

悟と目があうと、川辺刑事が悟を指さしながら言った。

「馬鹿がっ。あーゆうのが一番むかつくんだよ」

一瞬、怒りとやり切れなさに思考が停止した。人の話を聞こうともしないで犯人と決めつけて暴言を吐く。本当にひどい人だ。悔しさに頭がどうにかなりそうだった。

取調室へ連行された。

薄汚れた壁で四方を囲まれた三畳ぐらいの小さな部屋だった。部屋の真ん中に木製の古びた机があり、その周りにパイプ椅子が三つある。悟は椅子に座った。

川辺刑事とは別の大柄な警察官が取調室に入ってきた。制服を着ている。

悟は軽く挨拶をして、「お名前をちょうだいしてよろしいでしょうか」と訊いた。

警察官は「あっ、俺か、俺はね、えっーと野口、野口でいいよ」とおかしな回答をした。

実はこの警察官の名は渡瀬。野口は渡瀬警察官の上司で、今回の主任捜査官であった。渡瀬は被疑者ごときに自分の名前を言う必要はないと考え、主任捜査官の名前を口にしたのだ。

悟は渡瀬刑事の不自然な答えに何だか釈然としなかったが、やっと話を聞いてもらえると思い、自分は盗みなどしていないこと、自分が先輩と間違えたこと、間違えなければ鞄を手にすることはなかったことを話し始めた。

「そんなの俺はその場にいなかったんだからわかんねえよ」

渡瀬は悟の言葉を遮った。悟は驚いた。自分の言うことをきちんと聞いてくれれば単に人を見間違えただけで、逮捕が間違っていることをすぐに理解してもらえると確信していたのだ。だが、その確信が渡瀬の心無い一言で粉々に砕け散った。

悟はここで挫けてはいけないと思い、それならばその場に居て自分を捕まえた刑事を呼んで欲しいと頼んだ。渡瀬はそのうち来るからと答えるだけで、悟の願いを聞き入れなかった。

悟はこの日以降何度も同じことを警察官に頼むが、警察がその願いをかなえることは決してなかった。

「刑事さん、家族に連絡して欲しいんですが」

「担当に言っておくから。俺には決められないから。んん。お前、気分悪そうだな、まだ酔ってるのか」

「はい。酔ってますし、初めてのことで緊張しておりますので、気持ちが悪いです」

「大変だろうけど調書を取るまで今日は休ませないから」

渡瀬は取調のルールを説明した。俺が質問してお前が判りやすく答える、という簡単なものだった。

そして、渡瀬はワープロを使いながら質問を始めた。質問内容は、悟の家族構成、学歴、職歴、現在の仕事の内容、給与額、普段の酒量、今回逮捕されたことについてであった。

悟が答えた内容を渡瀬がワープロに打つのだが、渡瀬は、余り手慣れていない。スピードは遅いし、見るからに大変そうだ。

取調中、当夜大いに飲んでいた悟はトイレに行きたいと申し出た。

「もう少し我慢してくれ」

仕方なくトイレに行くのを我慢した。

一枚ずつ出来上がった調書を読むと、至る所に間違いがあった。

悟は幻滅した。判りやすく丁寧に説明したはずなのに、いい加減に書かれているからだ。

「言ったとおりに書いて下さい。申し訳ありませんが、ここを直して下さい」

何度も低姿勢で訂正をお願いした。

「なんなんだよっ、お前はよっ。意味はだいたい同じだろっ」

声に迫力があった。渡瀬は高圧的な口調で悟の申し出を拒絶した。面倒くさそうな様子があからさまで、渡瀬に訂正する気などなかった。

「ほんの少しの言葉でも私の言葉を使ってもらいたいだけです」

「意味はだいたい同じことだろっ」

声には怒りが満ちていた。

三年前の所属先が泉岳寺にあった東京支社だと説明したが、渡瀬は「品川支店でいいだろっ」と言って、そのように入力し、頑として訂正に応じなかった。

　給料は約三十万円だったが、社内預金や持株会に投資していたので、自分の銀行口座に振り込まれるのは約十万円。そのように話すと渡瀬は手取りで十万円と入力した。

　悟の家族構成は、両親、兄、妹の五人家族であった。しかし、渡瀬は何を勘違いしたのか、妹が二人いると書き、この間違いも訂正しなかった。

　要するに、渡瀬も、物事を決めつける、人の話を聞かない、最後は大声で押さえつけるというタイプであった。そのような意味で川辺刑事と全く同じである。やっつけ仕事をする渡瀬に対して、腹が立つとともに、不安になった。

　取調べは二時間くらいで終わった。自分の体が自分のものではないような疲れが悟を支配していた。

　その後、アルコール濃度の検査を受けた。水でうがいをさせられた後に息を吐き、検知管へ呼気を通す。それで検知管に表示される測定濃度を読みとるのだ。

　検知管は円いビニール袋のような入れ物だ。このビニール袋に息を入れろと言われ、指示通りに息を吹き込む。悟の測定濃度は〇・三〇ｍｇ／ｌであった。さらに捜査官が名前、生年月日などを質問して回答をさせ、話をしている態度、歩行状況、直立状態を見分する。

　検査が終わって、ようやくトイレに行けた。取調室の出入口の前に制服を着た警察官が待っていて、その警察官から手錠をはめられた。手錠をするための警察官を呼ぶのが面倒くさいからトイレを我慢するようにと言われたのだとその時判った。

　トイレから出ると再び手錠と腰縄をつけられ、三階の留置場へ向かった。

　移動中、悟は川辺を見かけた。川辺はもう一人の刑事と話をしているところだった。

川辺は悟を見かけるや吐き捨てるように言った。

「へっ馬鹿が、人生棒に振りやがってよ」

全身の血が沸騰するような怒りを感じた。その怒りを必死で抑え、川辺を見てみない振りをした。

留置場に入るとすぐ左側の突き当たりの部屋に通された。

そこで、所持品検査を受けた。

所持品や脱いだ衣服を担当の警察官に渡していく。

担当警察官が悟の所持品を一点ごとに紙に書きだした。そのうち悟のズボンが破れているのに気付いた。

「ずいぶんひどくズボンが破れているけど暴れたりしたの」

「いえ。言うとおりにして、一切暴れたりしてません」

「そうか。中にはひどい警官もいるって聞くからね。仲間として申し訳ない」

所持品検査が終わって、破れたズボンを履こうとするとジャージを貸そうかと言われた。

悟はこんなデタラメなところで世話になりたくないと思い断った。

留置室に入る前に家族に連絡して欲しい、弁護士を頼みたいと言った。警察官は分かった、分かったと頷いたが、結局、連絡はしていない。

所持品検査が終わると留置室の中に収容された。留置室は六つあったが、二番目の二室に入るようにと言われた。時間を訊くともう朝の四時ころとのこと。

中には三人いた。既に深夜なので三人とも横になっている。

彼らは全て犯罪者なのか。いや、俺と同じ無実の者かもしれない。悟はふとんを敷きながら考えた。

悔しさと左脇腹の痛みで目が冴えすぎた。寝付けない。俺は間違えただけだ。大声で叫びたかった。結局、その夜は一睡もできずに朝を迎えた。

警察官調書

六月三日朝。高輪警察署取調室。

朝食後、昨晩と同じ取調室で取調べを受けた。取調の担当は深夜と同じ渡瀬。横柄さは相変わらずだった。

渡瀬は次のように切り出してきた。

「お前さ。魔が差しただけなんだろ。認めちゃったほうがいいと思うよ。別に俺達はあんたが常習だって言ってるわけじゃないんだから認めちゃえよ。認めないとこの先どれくらいかかるかわかんないよ。素直になっちゃった方がいいって」

全く判ってくれていない。俺が嘘をついていると思ってるんだ。

「刑事さん。昨日も言いましたけれど、人を間違えただけなんです。会社の先輩と一緒に帰ろうとしただけなんです」

全身の力を振り絞って訴えた。

渡瀬の反応は悪かった。やれやれと思っているだけだ。渡瀬と悟の間には見えない壁があって、その厚い壁のせいで訴えが渡瀬の心に響かない。そんな感じだった。

悟はできるだけ噛み砕いて昨日の夜の出来事を説明した。二日夜コンパがあったこと、酒をしこたま飲んだこと、酔ったこと、気付いたら見知らぬ駅の通路で横になっていたこと、先輩と思って鞄から封筒を取り出したことなど。

渡瀬は面倒くさそうにワープロ打ちを始めた。途中で何度も「魔が差しただけなんだろっ」「認めちゃったほうがいいよ」と言ってきた。その都度、悟は「人を間違えただけです」と言った。渡瀬は悟の話に耳を傾けようとはしなかった。

彼が作成した供述調書には次のように書かれていた。

「気が付くと電車は終着のJR品川駅に到着していたことから仕方がなく電車を降り出口である改札口に向かいました。ここのところはよく覚えていませんが、電車を降りて品川からタクシーで帰ろうとしたとしか考えられません。

私は、自宅に帰るには品川駅からタクシーに乗って二万円位かかることから所持金が足りないと思い、気が付くと私と同じ通路で知らない男の人の横で寝ており、タクシーに乗る現金がいるため、隣で寝ていた男にお金お金と言ったところ、その男がバッグと言ったことから肩から掛けていた黒色のショルダーバッグの中から封筒を取りだし、封筒の中の現金を抜き取り自分の背広のポケットにしまい、封筒を元のバックに戻したのです」

これは事実と違う。デタラメだ。これは自分を犯人に仕立て上げるためのストーリーではないか。

改札口に向かったことは記憶にない。同じ通路で寝ていたのは知らない男ではなく、先輩の豊田だと思っていたのだ。何度も話していることではないか。お金を入れたのはワイシャツのポケットで、背広ではない。この供述調書は事実が書かれていない。むしろ、事実がねじ曲げられている。

「刑事さん、何度も言ってることで恐縮ですが、私は先輩の豊田さんと間違えたのです。そのようにきちんと書いてくれませんか」

「被害者は豊田さんだったのか、違うだろっ。知らない人だったんだろ。何が違うんだ。きちんと書いてるじゃないか」

悟は気を取り直してもう一度間違いを指摘して訂正を願い出た。

「意味はだいたい同じだろっ、間違いなんか後でいくらでも直せるんだから。こんなもんでいいだろっ。検事の前で正しいことを言えばいいだろっ」

渡瀬に一蹴された。

後で検事の前で正しいことを話せと言うなら、ここでの取調べは何なのだろう。渡瀬発言の不条理さに絶望を感じた。

悟はせめて「知らない男」から現金を取ったという点だけはきちんと訂正してもらおうと何度も懇願した。渡瀬はぶつぶつ言いながら渋々応じた。

しかし、ワープロの画面上で文章の訂正はしなかった。印刷した供述調書の文章に縦二重線を引きその横に訂正を書いたり、最後のところに手書きで付け加えた。最後に付け加えた文章は次のとおりである。

「私がお金を取った人は知らない人と書いてありますが、知らない人ではなく会社の先輩と思い、一緒にタクシーで帰ろうと思いバッグから現金を抜き取ったのです」

渡瀬はお前の言うとおりに文章を加えたんだからこれでいいだろう、調書に署名指印をしろと言った。

調書の記載内容は、あたかも悟が証言を変えたり曖昧なことを言ったかのようだった。非常に嫌な気分だった。こんないいかげんな調書は嫌だと思ったが、刑事である渡瀬の要求を断ることはできないと思った。悟には警察官と渡り合える知識も度胸もなかった。それで、やむをえず署名することにした。

法律上、供述調書に署名指印するか否かは被疑者の自由である。署名指印することを一切拒否するようにとアドバイスをする弁護士もいる。しかし、このアドバイス通りに実行できる者はほとんどいない。警察官から署名を求められて、これを拒否するのは至難の業だ。圧倒的に優位に立っている警察官の命令や指示を無視するわけにはいかない。庶民の普通の感覚として警察官の命令を無視することはできない。警察官は当然に署名するべきものだと考えている。署名しなければ、なぜ署名しないのかと高圧的な態度で迫ってくる。取調室は被疑者に署名を強要する雰囲気に満ちている。プレッシャーを受け続けてもなお拒否するのは至難の業である。

新件

四日朝。

朝早く護送用のバスに詰め込まれた。高輪署から東京地検に向かうバスだ。

被疑者には検察官に初めて会ったとき弁解を述べる機会が与えられる。文字通り検事は弁解としか受け取らない。業界用語で新件と呼ばれている手続である。

護送車には十名程の被疑者が乗り込んでいた。みんな手錠をはめられた状態で乗っている。互いに言葉を交わすことはない。

途中、泉岳寺を通る。見覚えのあるビルが見えた。以前勤務していた支店が入っているビルだ。その前を護送車で通るのは気が滅入った。

東京地検に護送車が着くと、手錠と腰縄をつけられた被疑者は列をなして順番に入り口へと進む。外に取り付けられた階段を使って地下にある護送室に向かう。護送車から階段までの距離は五メートルほど。その間、東京地検の壁に被疑者の姿がはっきりと映る。壁が鏡のようなガラスでできているからだ。被疑者達はこの壁で自分の顔を久しぶりに見ることができる。留置場内には鏡がないので、自分で自分の姿を見ることができない。悟は周りの被疑者達が自分自身の姿をじっくり見ているのを横目にしながら階段のほうに向かった。

東京地検のビルに入ると、名前を呼ばれ、五人掛けの椅子に座らされる。すぐにまた名前を呼ばれ数名の被疑者と一緒に連れて行かれた。東京地検の護送室では十人ごとに檻に収容される。その檻の中では片側に五人ずつ細長い木製の長椅子に座らされる。昼食の一時間以外はずっと両手首は手錠につながれたままだ。長椅子は堅く、座り心地は最悪だ。脚を伸ばすと向かいに座っている被疑者にぶつかるので脚を伸ばすことすらできない。六時間以上もの間、見知らぬ他人と隙間なく座るだけでも苦痛だが、座り心地が最悪の椅子に座らされ、脚も伸ばせないし、両手首を手錠で繋がれている。この監禁状態は想像を絶するほどの苦痛を伴う。

検事に呼ばれて、検事室に通された。机の正面奥と脇に男が一人ずついる。正面奥が検事で、脇に座っているのが検察事務官だった。

悟は前科がないことを当然のように言った。

検事は記録に目をやりながら悟が現金十万円を盗み取った事実を読み上げて悟に確認した。

「私は間違えたのです。寝込んでいた人を会社の先輩だと思い、先輩と一緒に帰るためにタクシーを止めようと思って、お金を鞄から取り出したのです」

悟は腹の底から声を絞り出して訴えたが、検事の反応は皆無だった。

またもや壁に対して話をしているような気がした。検事は悟の訴えに耳を傾けていない。検事は悟が話した概要を検察事務官に口頭で伝え、検察事務官はこれを紙に書き留めた。完全な流れ作業であった。検事と検察事務官はただルーティンワークをこなすためだけに今日ここにいる。その消極的な姿勢がはっきりと見て取れた。警察官がダメでも検事ならば、という一縷の望みは簡単に砕け散った。なぜ事実をわかろうと努力してくれないのか。いや、人の話を真剣に聞こうとしないのはなぜなんだろうか。こんなひどいことを平気で行えるのはどうしてなのか。人として温かい血が流れているのならきちんと耳を傾けるはずではないのか。悟が激情的な性格であればその辛い思いをストレートに検事にぶつけていただろう。

検事室にいたのはだいたい十分間だった。検事室をでるとき悟は肩を落とし落胆していた。檻に戻り、ただ苦痛をもたらすだけの監禁状態に置かれた。頭の中で世の不条理や不安と格闘した。

地検から高輪署に戻ってきたのは夜六時半だった。

頭は半ば混乱状態だった。檻の中での不自然な姿勢を続けたことから四肢が少し痺れていた。

電話連絡

石原哲夫はリビングで熱心にニュース番組を見ていた。妻の春美は台所で夕食の準備をしていた。

哲夫は公務員を定年退職後、現在は文学館の副館長に就任している。読書は青年時代からの趣味だったので、趣味と実益をかねた今の仕事に大変満足している。二人の子ども達は経済的に独立していた。

長男は一部上場の大手レストランチェーンのマネージャーで既に家庭を持っている。次男は独身だが妻の両親のもとに行って義父母の面倒をみてくれている。義父母は二人とも痴呆症で、次男は平成九年に三鷹にある義父母の実家に移り住んだ。一番下の長女は同居しているが、それなりに収入のある仕事をしている。

金曜日の夜から土曜日丸一日そして日曜日の夕方まで悟と連絡が取れていない。今までこんなことは無かった。もしや悟の身に何かあったのではないだろうか。悟の捜索願を出すべきではないかと考えていた。

哲夫は朝からほとんど何も食べていなかった。悟の事が気がかりで食が進まなかったのだ。昨日の土曜日から得体の知れない不安が哲夫の頭の中を支配していた。

春美が買い忘れた食材を買いに近くのスーパーへ行くと言って、玄関に向かった。哲夫は妻にも買い物へ行く途中に何か起こるのではないかという不安と、腰の悪い妻を気遣う気持ちから、一緒に行くことにした。買い物から帰ったら少しでも何か腹に入れて捜索願を出しに行こうと決めた。

哲夫と春美が買い物に行っていたわずか三〇分足らずの間に、高輪署の留置係からという伝言が留守番電話に入っていた。

「まさかっ、悟がまた事故にでもあったんじゃないか」

以前、悟は信号無視の車に跳ねられ頭蓋骨骨折という大事故に遭っている。その時のことが頭をよぎったのだ。

哲夫はたった今買ってきたばかりのスーパーの袋を玄関マットの上に落とした。哲夫の胸が早鐘のように鳴る。

春美は心配で言葉がでないまま立ちつくしていた。

とにかく電話をするしかない。

哲夫は伝言に残された電話番号をメモすると一つ深呼吸をした。そして、ゆっくりと受話器をとり普段より力の入った指で一つずつ電話番号を押した。

少し待たされた後に電話口に出た男が言った。

「私は高輪署の留置係の佐藤といいますが、石原哲夫さんですか」

「はい、私が石原哲夫です。何かあったのでしょうか」

緊張した声で哲夫が言う。

「本人が弁護士さんを頼みたいと言ってるもんですから」

「はいっ、弁護士さん。本人って誰のことですか」

「えっ知りませんか、悟さんの件ですが」

「悟が何か」

「昨日窃盗の現行犯で逮捕し、今日地検に行って先程戻ってきました。いま高輪署で留置されています。弁護士を頼みたいと本人が言ってますんで、念のため電話をしたんですが」

息が止まった。

窃盗？　現行犯？　悟が？　警察署で留置されている？

それはどういうことだ。何かの間違いのはずだ。

「すみません。初めて聞くことなので。悟が窃盗犯というのは本当ですか」

「本当です」

「窃盗って何をやったというんですか」

「えっ本当に何も聞いていないんですか」

「ええ。昨日も今日も悟が心配で一日中家にいましたが何の連絡もありません」

受話器を持つ手に思わず力が入った。

「スリですよ。本当に何も聞いてないんですか、捜査係から電話なかったんですか、初めてですか。おかしいですね」

動揺していた哲夫はとりあえず高輪署の電話番号と内線番号を聞いて電話を切った。

背中がじっとりと汗ばんできた。初夏の陽気のせいだけではない。

突然のことなので頭の中がぐちゃぐちゃで上手く整理できない。

捜査係から電話がなかったのですか、おかしいですね、などと言っていたが、家族に連絡するのをわざと遅らせて、悟から「やりました」という嘘の自白をとる作戦ではなかったのか。

隣に心配そうな顔をした春美が立っているのにようやく気付いた。

春美に電話で聞いた話を説明した。春美は合点がいかない顔をした。眼は納得のいく説明を求めている。しかし、哲夫自身納得がいかなかったし、情報がないのでこれ以上説明することはできない。

哲夫は住所録を取り、以前頼んだことのある弁護士に連絡した。幸いにも自宅にいてくれたが「体をこわしているし、民事しか扱わない」とのことで断られた。タウンページに弁護士会の電話番号が載っているから、そこに電話をして紹介してもらったらどうかと教えてくれた。タウンページをめくると弁護士相談センターの電話番号が載っていた。早速電話をして事情を話した。当番弁護士制度というのがあり、無作為に選ばれた弁護士が派遣されること、一回目の相談は無料だが二回目からは有料になることを教えてくれた。当番弁護士制度による派遣をするには氏名、生年月日、年齢、罪名、逮捕日時、留置場所、裁判所から既に勾留決定がでているのか、裁判所での勾留質問がまだ終わっていないのかなど手続の状況に関する情報が必要だと言われた。手続の状況については全く把握していなかったので、警察署に聞いてみると言って、電話を切った。

高輪警察署からは次のことを聞いた。

逮捕日時は平成一二年六月三日午前一時四〇分。

今日六月四日に東京地検に送致された。

明日五日勾留質問で東京地裁に行く。

哲夫はメモをとりながら聞いた。

地裁が勾留決定をしたらどうなるのか訊いてみると、一〇日間勾留されて、さらに一〇日間延長されるのが一般的だとのことだった。

二〇日間も監禁されるなんて……。

胸の鼓動が早くなっているのを感じた。薄汚い壁で囲まれた檻の中にポツンと一人座っている悟を想像した。胸が締め付けられるような気がした。一刻も早く檻から出してやりたい。

高輪署の場所や最寄り駅からアクセスする方法を訊いた後、勇気を出して逮捕理由をもう少し詳しく知りたいと尋ねた。ここでは判らないので捜査係の主任である野口刑事に訊いて欲しい、野口刑事は朝八時半には署に来ていると思うのでその時間にまた電話をするようにとのことだった。

哲夫は弁護士相談センターに再び電話をして当番弁護士制度の発動を要請するかどうかで悩んだ。センターが弁護士を無作為に選ぶというところが気にかかった。いい弁護士さんに当たればいいが、悪い弁護士さんにあたったら悟が可哀想すぎる。

センターに電話をするのは止めて、引き受けてくれる弁護士を探すことにした。

望月弁護士

四日（日曜日）午後一〇時。

日曜の夜だが「さくら共同法律事務所」の事務所内は明るかった。

事務所は、弁護士の人数が一九名、事務局二四名の総勢四四名。日本の法律事務所は弁護士一・二名で開業しているところが多く、複数の弁護士がいる法律事務所はそれ程多くはない。規模的に言えば「さくら共同法律事務所」は中堅の法律事務所である。

事務所では一人の弁護士が机に向かっていた。

名を「望月賢司」という。

平成一二年四月に弁護士登録をしたばかりの新米弁護士だ。

年齢は二六歳。洒落た身なりをしている。身長は一八〇センチ体重は五五キロ。ひょろっとした痩せ型で、容貌はジャニーズ風である。見かけは最近の若者風だが、実は人一倍の負けず嫌い。仕事を早く覚えて一人前になりたい。弁護士登録をする前の司法修習生のときからその思いが強かった。それで、日曜日でも朝から事務所に顔を出し夜遅くまで仕事に精を出している。

電話が鳴った。

「もしもし、さくら共同法律事務所ですが」

「夜分遅くどうもすみません、わたくし石原と申しますが、西村先生はいらっしゃいますか」

西村國彦弁護士は「さくら共同法律事務所」のシニアパートナー。五三歳になる。

パートナーとは法律事務所の経費を負担する経営者弁護士のことで、経費を負担しない勤務弁護士をアソシエイトと呼んでいる。従来の呼び方で言えば、パートナーは「ボス弁」でアソシエイトは「イソ弁」。「イソ弁」とは業界用語で「居候弁護士」の略称である。「さくら共同法律事務所」はパートナー九名、アソシエイト一〇名。パートナーのうち、創業者である河合弘之弁護士と竹内康二弁護士に加えて三番目にパートナーになった西村弁護士の三名をシニアパートナーと呼んでいる。

「あいにく西村はもう帰宅しております」

落胆のため息が受話器から伝わった。

「ああそうですか…。一二期の石原から電話があったことを西村先生に伝えていただけませんでしょうか」

電話での話しぶりから切羽詰まっている感じが伝わってきた。西村弁護士に伝えるだけではなく、直接西村弁護士と話をして貰った方がいい。望月はそう考えた。

「すぐに西村と連絡をとりこちらからお電話します」

「すみません。助かります」

受話器からほっとした感じが伝わってきた。

望月は自らの言葉どおり、電話を切ったあとすぐに西村と連絡をとり、西村の指示どおりに再度哲夫に電話をかけて西村の携帯電話番号を教えた。

哲夫は望月に丁寧に礼を述べてから電話を切った。哲夫は、望月から教えて貰った電話番号に電話を掛け、西村弁護士に相談することにした。西村弁護士は高校時代の恩師の子だった。哲夫は高校生のとき恩師の家に遊びに行ったことがある。そのとき西村弁護士はまだ小学生になる前だった。

　夜遅くに電話をしたが、西村弁護士は、真摯に話を聞き、悟の件を引き受けると約束した。早速、翌月曜日午後二時三〇分に事務所で打ち合わせをすることに決めた。

　一方、さくら共同法律事務所にいる望月は仕事の手を止めていた。

　望月は腹が減っていることを思い出したからだ。夕食を摂っていなかったのだ。

　日曜日のこの時間に開いている店は余りない。

　仕方がない今日もピザにしよう。

　望月は電話で宅配ピザを注文した。

依頼

　五日午前八時。

　哲夫は悟の勤務先に電話をした。悟が体調を崩したので欠勤すると伝えた。

　八時半になって、高輪警察署の野口刑事に電話をした。野口刑事は不在だという。石原悟の件のことで是非警察官から事情を聴きたいと強く訴えた。警察官はいい加減にあしらっているという態度だった。

　哲夫は心底腹が立ったが、ぐっとこらえた。粘り強い申し入れが功を奏し、午後一時に捜査係の畑山刑事と会う約束を取りつけた。

　一時一〇分前には高輪警察署に着いた。二階の廊下のエレベーター前にあるベンチで、畑山刑事から話を聞いた。悟は品川駅構内で酔って寝込んでいる人からお金をとった、悟のいうことが曖昧なので盗んだことは間違いない、酒を少し飲んでいたようだった、とのこと。畑山刑事は悟が犯人であることは間違いないという調子で一方的にまくし立てた。

信じられない。哲夫は反論したくなるのをぐっとこらえ、刑事の話に耳を傾けた。結局、刑事の説明だけでは事案の全体像が掴めなかった。

留置場に行き、悟に接見しようと試みた。

今日は東京地裁に行っていて、いないとのこと。

留置係の警察官は「えっ、弁護士を頼むんですか」と言ったあと哲夫に注意事項を説明した。面会するときは前日までに予約をしておき、再度当日の朝必ず接見時間の確認をすること。食べ物、紐付きの衣服の差入れは絶対駄目だということ。

哲夫はスウェットスーツ上下、下着、靴下など合計数点の着替えとコンタクトレンズのケア用品を差入れて、高輪警察署を後にした。

午後二時二〇分にさくら共同法律事務所の受付に着いた。

受付の背の高い女性に案内されて第三会議室に入った。

広さは八畳程。部屋の中央には立派なテーブルが置かれていた。

テーブルの上に冷たいお茶が出された。抹茶入りの煎茶。喉が乾いていたので一気に半分ほど飲んだ。

二時三〇分、西村弁護士と望月弁護士が第三会議室に入ってきた。

挨拶を交わした後、名刺を交換した。

望月弁護士は二六、七歳くらいか。髪の毛が茶色なのとタレント風の容姿に少し驚いた。

西村弁護士が刑事手続の流れを一通り説明した後、面会を通じて悟を元気付けること、悟からじっくり事情を聴取することの重要性を説いた。この件について望月弁護士が担当として動くこと、望月弁護士は若くフットワークがいいことを加えた。

哲夫はこれまでの経緯を説明した。二人の弁護士はじっくり耳を傾け、重要な事項についてメモをとった。一通り説明が終わった後、西村弁護士が眉間に少し皺を寄せながら言った。

「問題は悟君の勤務先との関係だな。今日の欠勤の理由は仕方ないとして、いずれ事実を会社に説明しなければならない……。会社に話しのわかる人はいるのだろうか」

一呼吸置いた後で次のように続けた。

「起訴ということになれば解雇されるだろう」

やはりそうか。哲夫は思わず下を向いた。

「望月君、会社との関係でもフォローしてやってくれ」

「はい、判りました」

その後、今後のスケジュールを調整した。

望月弁護士は夕方まで別件で事務所を出られない。それで、今日の午後七時に面会に行き、八時には哲夫に面会の状況を電話することになった。

留置場

六月五日。高輪警察署。

悟は六房へと移された。

中には見た感じ悟より少しだけ年配のやさ男と、かなり若くガッチリした体格の男がいた。鉄格子の中に入るとすぐに挨拶した。

「石原です。よろしくお願いします」

年配の男が答えた。

「こちらこそヨロシク。俺は矢口っていうんだけどね」

若い男も応答した。

「飯島です。飯島三郎って言います」

やぶから棒に矢口が聞いてきた。

「早速だけど、石原チャンは何やらかしてココへ来たの?」

あーあ、話したくないなあと思いつつも悟は答えた。

「容疑は窃盗です。でも自分はやってないんで否認してます」

「ふーん。そうなんだ。石原チャン真面目そうだから何やったのか聞きたかったんだよ」

「何?会社の金でもやっちゃったの?」

矢口が軽く訊いてきた。

「矢口さん、石原さんやってないって言ってるじゃないッスか」

すかさず飯島が口を挟んだ。

「そうか、そうだったね。ワリイ石原チャン」

たいして悪いとも思っていない様子だった。

何だかまたイヤな房に来ちゃったナ、けど飯島ってヤツはなかなか良さそうだ。悟はそんなことを思った。

部屋はいびつな形をしていたが一番奥の方を矢口が陣取っていた。手前側の入り口がついていない方に飯島が座っていた。男同士寄り添いたくもなかったので、悟が座ったのは必然的に入り口の前である。入り口付近の天井に蛍光灯がついていた。二四時間蛍光灯が点いている部屋の中で、多少薄暗く感じるのは部屋の一番奥だった。なるほど、多少なりとも暗い所で寝るために部屋の一番奥に陣取るわけか。

新入りが入り口の近くに追いやらえるという暗黙の了解が理解できた。

悟は、自分の席が末席だろうとどうだろうとどうだっていいと思った。

俺はこんなトコに入る人間じゃないんだ。すぐにでも出てやる。何としてでも自分の無実を説明して早くココから出るんだ。

早く出ることだけ考えながら、壁にもたれて体育座りのように膝を抱えて座った。

飯島が話し掛けてきた。

「石原さん。自分はシャブでパクられたんすよ。仲間と一緒にシャブやってたんす。今、保釈申請やってんスけど大丈夫ッスかね？」

「ごめん。俺そうゆうのあんまり詳しくないから」

悟が答えた。

「そおっすか。ホントは葉っぱ（マリファナ）も吸ってたんスけど、今回はシャブだけでココきてるんスよ。ションベンとられたんスけど多分葉っぱはわかんないッスよね」

「ごめん。飯島君。俺そういうのわからないよ」

「アッすいません。石原さん。お互い早く出たいッスね」

「アッそうだ。石原さんココ出たら何食べたいッスか？」

「俺は別にないな。早く出たいけどね」

「そッスか。俺はココ出たらソッコーで目の前のコンビニでピノ買いますよ。ピノ」

「ピノって一口サイズのアイスのこと？」

「そッスよ！石原さんもピノ好きッスか？美味いッスよね」

「う、うん。美味いよね。早く食べられるといいね」

悟はそう言って目をつぶった。

飯島は申し訳なさそうに言った。

「石原さん疲れてますよね。すんません」

そう言って自分のポジションである部屋の左側の壁にもたれかかった。

悟は少し嬉しかった。

新入りの自分のために一生懸命話し掛けてくれた飯島をイイ奴だと思った。ただ飯島と一緒になってアレが食べたいコレが飲みたいなどという話を延々とする気にはなれなかった。

接見

六月五日午後七時。

東京は少し雨が降りだした。

望月弁護士は傘を差しながら高輪署に向かった。

高輪署は少し古びた建物だが、外見は赤煉瓦造りで、瀟洒な感じがする。

接見に行く時間が遅くなったのは、それまで他の案件の処理に追われていたからだ。望月は貪欲に仕事に取り組み、いろんな案件に首を突っ込んでいた。朝早くから事務所で作業をしたり、何人ものクライアントと打ち合わせをしたり、法廷に行ったりで、この日も忙しかった。

接見室で何を話そうか。望月は少し緊張していたが、丁寧な対応をしようと心に決めていた。

三階にある留置係で面会の手続を済ませて、面会室に入った。面会室の中は狭かった。

望月は折り畳み傘を丁寧にたたんだ。

面会室の中央にはアクリル製の遮蔽板があった。

遮蔽板を中心に机があり、面会者側には椅子が三つあった。

望月はその真ん中に座り、ブランド物の鞄から罫紙を取り出した。

携帯電話の持ち込み禁止という表示が壁にかかっていたので携帯電話の電源を切った。

二、三分待った後で、遮蔽板の奥にあるドアから若者が一人入ってきた。

優しそうな眼をしている。それが第一印象だった。

悟は大きくお辞儀をして、夜分遅く面会に来ていただき申し訳ありませんと言ってから、椅子に座った。礼儀正しい態度だった。望月はさらに好印象を持った。悟の礼儀正しい態度から緊張が解け、リラックスした調子で話を始めることができた。

「あのー、初めまして、私は弁護士の望月です。お父さんから今日頼まれて面会に来ました。あなたが石原悟さんですね」

「はい、石原悟です。夜分遅くにどうも済みません」

悟はまた頭を下げた。

「逮捕されたのは初めてでしょう。困っていることがたくさんあるんじゃないですか」

悟にとって嬉しい一言だった。

「ええ、馴れないことで大変ですが……」

「警察や検事からの取調は特に大変だと思うけど、頑張って下さいね。彼らは調書で都合のいいことを書こうとするから、嘘を書かれないように気をつけなきゃダメですよ」

悟は畑山からいい加減な取調を受けていることが頭に浮かんだ。

「はい、判りました」

望月は弁護士らしい口調で続けた。

「黙秘権のことは聞きましたか」

「はい。警察の方から説明を受けました」

「説明を聞かれたかと思いますが、黙秘権は憲法で認められた被疑者の大切な権利です。警察官からの質問に対して、あなたは答えてもいいし、答えたくない質問であれば、回答を拒絶することができます。もちろん、全ての質問に対して黙っていてもいい。そういう権利なのです。これは基本的な権利ですから、取調のときにはいつも意識して警察官と対峙してください」

悟は望月の説明にじっくり耳を傾けていた。

さらに望月は続けた。

「警察官は、自分たちの都合のいい質問をしてきます。それに対して曖昧な返事をしたりすると不利な調書を作成されますので、気を付けてください」

「はい、判りました」

「で、逮捕されたのは土曜日？」

「はい、金曜日の深夜でした。正確に言うと土曜日ですね」

「それじゃあ、逮捕されたときのことを話してくれますか」

「そうですね、どこからお話をしたらいいのか。当時は酔っ払っていましたから、ところどころしか憶えてなくて」

「それでは、お酒を飲んだところから説明してくれますか。酔っ払って忘れたことは、いいですから。とりあえず憶えていることだけ順を追って話してくれますか」

「はい」

悟はこれまでのいきさつを憶えている限度で説明した。電車で寝込んだこと、終点の品川駅で下ろされたこと、改札口の近くで眼が覚めたら隣で豊田さんが寝ていたこと、タクシーで帰ろうと豊田さんに言ったこと、豊田さんからお金は鞄の中にあると言われたこと、鞄を開けて封筒から取り出したお金をポケットに入れたこと、私服の刑事にいきなり胸ぐらをつかまれたり脇腹を叩かれたりした上で警察に連れて行かれたこと、逮捕時に豊田さんだと思っていた人は違う人だったことが分かったこと。

望月は悟が一通り説明し終わるまで黙って聞きながらメモをとった。

これはひどい。

望月は心の中でつぶやいた。

望月は悟を励ますことができる言葉を思いつくまま話した。

悟はこくんと頷きながら望月の声に耳を傾けた。

話の最後になって「石原さん、逮捕された日から今までにあったことの全てを正確に書いておいて下さい。私の名刺を差し入れますので、今話し忘れたこともあれば、一緒に手紙で送って下さい」。望月が言った。

逮捕されてから自分の話を真剣に聞き、信じてくれたのは望月が最初だった。悟は親切で冷静な望月の対応に感謝していた。

望月が高輪署を出たのは午後九時を回っていた。

午後九時二五分、携帯で悟の父に電話をかけた。

遅くなったことを詫びた後、接見での模様を説明した。

「話を聞いて、本人はやってないとわかりました。何かあったら連絡を下さい」

「そうですか」

哲夫はほっとした。悟がスリなどやるわけはない。俺は最初からわかっていた。それを後押ししてくれた望月の報告はとても嬉しかった。

望月は電話を切ると、折り畳み傘を開いた。雨は小雨に変わっていたが、濡れるのは気持ち悪い。

気温は二九度。六月にしては暑い夜だった。

父子面会

六月六日火曜日。

哲夫は一二時から半休を取り、高輪署で悟と面会した。眼鏡を差し入れた。コンタクトをはめていたが、それでは疲れるので眼鏡を差し入れて欲しいと悟が頼んだのだ。

高輪署留置係の面会室。

哲夫が狭い面会室に入り座って待っていると、悟が遮蔽板の奥にあるドアから入ってきた。

「父さん、ありがとう。昨日も差し入れに来てもらって……」

悟は少し恥ずかしそうにしながら話し出した。

「ああ」

「スウェットを持ってきたんだが、腰紐があるからダメだと言われた。今日紐をゴムに換えたんだが、それもダメなようだ。抜けるものはダメ。とれないようにゴムを縫い付けなきゃいけない。食べ物を差し入れることもダメ、土日の面会もダメ。本当にダメなことが多すぎる」

「土曜日の朝方には電話連絡を頼んだんだけど、連絡がとれないんで、多摩にはいないかと思ったよ。で、三鷹にも電話してもらった」

「悟が頼んだのに警察がしなかったんだろ。ここの警察は対応が悪すぎる」

「ああ、僕が現場で捕まったときにスーツのズボンを破かれた」

「刑事にか」

「ああ、刑事がね」

「ひどいことをするもんだ」

「昨日、弁護士の望月さんが来てくれて。随分話し込んじゃった。二時間近くは話を聞いてくれたよ。望月さんからのアドバイスで早速ノートを買ったよ。思い出すことは今のうちにノートに付けておくようにと言われたんだ」

「望月さんから話を聞いて安心した。家族のみんなに伝えたよ。みんなよろしくと。あと、会社にも連絡をしておいた」

「ありがとう」

「さっきズボンが破れたと言ったろ」

「うん」

「刑事を殴ったりしたのか」

「いや、殴ったりなんかしていない」

「取調はどうだ」

「ほとんど毎日受けている」

「取調のときは落ち着いて、間違えないように。曖昧だとダメだ。知らないこと、憶えていないことはちゃんと伝えるように」

悟は哲夫の一言一言にうなずく。

哲夫は逮捕される前のことを質問した。悟は憶えていることを順を追って話した。

「わかった。みんなお前のことを信じているから。頑張ってな。悟が早く帰らないとおじいちゃん、おばあちゃんの面倒を見るのが大変だ。でも、みんな我慢している。悟が一番頑張らないと」

悟は祖父母のことを想い出して胸が締め付けられるような気持ちになった。

祖父母は二人とも痴呆が進んでいる。悟は祖父母の面倒を見るために二人と同居していたのだ。悟が勾留されているので、祖父母の介護はほかの人がやらなければならない。

「お父さん。苦労かけてごめん。俺、頑張るから」

「ああ、信じてる」

哲夫は面会室を後にした。

悟は決して窃盗犯なんかではない。なぜ、警察官にはそのことがわからないんだ。

哲夫は少しでも悟を勇気づけるために毎日面会に行くことを決意した。

畑山刑事

六月八日午前一〇時。高輪署取調室。

取調担当は畑山刑事と名乗った。

取調室に入る前、悟は、今度こそ真剣に話を聞いてもらえるのではないかと期待した。もちろん、渡瀬から取調を受ける前も野口から取調を受ける前もそうであった。しかし、この期待は、畑山の次の発言で脆くも崩れ去った。

「おい、酔っても記憶なんか絶対なくならない」

「嘘をつくな」

「自分の心に正直になれ」

「素直にならないと駄目だ」

警察の偏見は極めて根強い。悟は気が遠くなるのを必死でこらえなければならなかった。

「頭ごなしに決めつけるのはなぜですか」

畑山はかっと目を見開き悟を怒鳴りつけた。

「君はそういう言葉遣いをするのか。毎日面会に来てくれるお父さんに悪いと思わないのか。自分の問題なんだから自分で解決しろよ。弁護士に逃げるなよ」

畑山は頭から悟が虚偽の弁解を弄しているとしか考えていない。頭ごなしに自分を否定されると、人はパニックになって当然だ。自分自身の立っている基盤を失うのだから。悟は下腹に力を込めて畑山に言った。

「自分の考え、記憶とか言葉を曲げることの方が父に悪いと思います。弁護士さんに相談することが逃げることになるとは思いません」

畑山は反論されると思っていなかったのか、突然の反論に少し戸惑った。が、更に語気を強めて「逃げてるじゃないかっ」と言い放った。そして、悟が盗みをしたと認めないので父に多大な迷惑がかかっているという話をした。

これは嘘の自白を作り出す警察の常套手段だ。警察の思い通りにならないと、家族に多大な迷惑がかかることになると言って脅すのである。この脅しによって自白を取られた人は少なくない。

悟はこのようなやり方が警察の常套手段であるとは、知らなかったのだ。

しかし、生来の正義感の強さから、この汚いやり方に引っ掛かりたくないと思い、感情的になるのをぐっと抑えた。

一一日には野口と畑山の二人が取調を行った。

彼らの攻撃はさらに鋭さを増していた。

「弁護士先生に何を入れ知恵された。弁護士は金をもらっているから君の言うことを信じている。しかし、百人が百人とも君の話なんか信じない。社会通念上、君の話は誰も信じない」何度も何度も、これでもかこれでもか、と言わんばかりに同じ話を繰り返す。これも洗脳作戦だ。警察は、自分たちのストーリーが事実だと決め込むと、一直線に突き進む。それが正義だと思い込んでいるためか、それとも仕事を進めるうえでそれが楽だからなのか。いずれにせよ、被疑者にとってはたまったものではない。捜査上被疑者の自白をとることは極めて重要だ。だから、警察は自白獲得作戦を中心に据える。密室の中で同じことを何度も何度も言われると洗脳効果は大きい。警察官という一応社会的には正義に属する人から「誰も信じない」と言われると、「そういうものか」と誤信してしまうものだ。この洗脳作戦によって間違った自白をする人は多い。刑事事件被疑者の有罪率が九九・八七％と高いのは、このような取り調べによるものだろう。ほとんどの者がこれで落とされてしまう。

畑山は「社会通念上」という言葉を口癖のように使っていた。「社会通念上」という言葉が頭にこびり付きそうなくらいだった。

不条理な状況にあって、悟は力を振り絞って言った。

「やっていないことを認めるつもりはありません」

中間調べ

六月一二日早朝、悟は、霞ヶ関の東京地検・区検に行くバスに乗せられた（地検に比べより簡易的な事件を扱うのが区検である）。今日は検事から取調を受ける日だった。留置係の警察官は中間調べだと悟に説明した。

法律上、原則として、捜査段階の勾留期間は一〇日間。勾留は国家による監禁である。国民の行動の自由を徹底的に制約するのであるから、それは必要最小限度にとどめるべきだ。法は、国民の権利擁護の観点から、捜査当局が被疑者の身体を拘束できるとしても、それを一〇日間に限ろうとしたのである。ただ、刑事訴訟法二〇八条二項の「やむを得ない事由」がある場合に限って、さらに一〇日間勾留期間を延長できることになっている。法律的には、例外的に勾留期間を二〇日間にしようと定めている。

しかし、捜査実務は法律上の原則論を完全に無視している。

運用実態としては、勾留延長を原則としているのである。つまり、逮捕されたら、勾留期間として二〇日間警察署に身柄を拘束されることになる。

勾留延長を決定するのは裁判官であるが、裁判官はこぞって捜査当局に捜査の便宜を図ることを重視している。捜査のために充分な時間をあげましょう。その間、取調をバンバンやって自白をとって下さいよとでも言わんばかりだ。

勾留期間の原則一〇日間は「たてまえ」で、延長期間を含めた二〇日間が「本音」という位置づけなのであろう。刑事訴訟法の条文を読んだことがある人が、この運用実態を見れば、誰もが異常だと指摘する。しかし、実務では、この実態が罷り通っている。こともあろうに裁判官がこの運用を全面的に支持しているのである。警察官のみならず裁判官も感覚や常識が麻痺している。少なくとも、彼らは自分たちが二〇日間も自由を奪われることになるという事態を全く想定できないのであろう。いささか想像力が貧困なのであろうか。

ともあれ、捜査当局は、捜査の手持ち時間として、二〇日間とれることが判っているので、一〇日満期の前に行う検事取調を中間調べなどと呼んでいる。

担当検事は加藤副検事であると名乗った。

加藤副検事は悟にフローチャートを示した。

フローチャートは罪を犯した人間が逮捕されてからどのような順で手続が進むのかが示されていた。罰金刑がある犯罪の場合には、不起訴、正式起訴のほかに、略式手続というものがある。これは罰金を納めて釈放。罰金刑がないものは、不起訴か正式起訴。起訴の場合、刑事裁判に進む。裁判の結果は原則として刑務所行き。起訴された場合、保釈制度はあるが、否認していると数ヶ月間は保釈は認められない。窃盗事件には罰金刑はないとのこと。

加藤副検事はフローチャートの説明をした後で次の点を一言一言丁寧に語った。

「罪を認めれば早く出れますよ。私は君と取引をするわけじゃないけど、否認のままでは保釈も認められませんよ。このまま罪を認めなければ裁判になって、さらに何ヶ月も留置場にいなければなりませんよ。さあ、どうしますか」

これが取引であることは一目瞭然だった。

加藤副検事は物腰の柔らかな人だが、言葉の一つ一つが胸に刺さった。実際、悟はどうしようか逡巡した。このまま裁判になって何ヶ月も留置場にいたくない。嘘をつけば早く出してくれるんだから、それでいいじゃないか。甘い誘惑が悟の頭の中を占めそうになった。が、歯を食いしばって言葉を絞り出した。

「自分の行動、気持ちに嘘はつけません」

加藤副検事の形相が大きく歪んだ。

「勾留を二十日間に延長請求します」

取調後、悟は、「何ヶ月も保釈が認められない」「延長請求」という言葉を反芻した。家族のことが心配になった。年老いた祖父母のことも。嘘でも罪を認めた方が良いのだろうか。悩みは尽きなかった。

高輪警察署に戻り、夕食をとっていると、留置場の係長から話しかけられた。悟は顔に出すまいと思っていたが、不安が顔に表れていたのだ。

「君のことを信じているから頑張れ。言いたいことはどんどん言うんだぞ」

官僚組織警察の中にも、まともな感覚できちんと話を聞いてくれる人がいる、自分を判ってくれる人がいる、悟はそう思い、目が潤んでくるのを抑えられなかった。

抗議

六月一三日午後二時。さくら共同法律事務所。

望月は、午前中に悟の接見をしたときの話を思い出し、怒りが込み上げてくるのを抑えられなかった。悟から加藤副検事との取調の状況を聞いたのだ。

捜査当局は被疑者に自白を強要することはもちろん許されていない。自白の強要が許されないことは冤罪を作ってきた歴史的事実が何よりの証拠である。自白強要は「嘘」の自白を生みやすい。

事実を発見するべきはずの捜査手続において、「嘘」の証拠が作成されるのは決して許されるべき事態ではない。

そもそも、自白だけで事件を解決しようというのではなく、客観的な証拠やその分析から正当な結論を導くべきである。それが現代社会のあるべき捜査方法であり、捜査当局がとるべき姿勢である。

しかし、官僚である捜査官にとっては、自白は証拠の王である。その後の仕事が楽になるからだ。裁判官が供述調書を重宝してくれるので、自白があればとてもやり易い。自白を強要するのは少しでも仕事を楽にしたいという捜査官の本音の部分であろう。

捜査当局の手口に慣れていない望月にとって加藤副検事の対応は正義にもとる行動としか映らなかった。

受話器を手に取り抗議の電話をかけた。

加藤副検事が出るや矢継ぎ早に言った。

「初めまして、私は被疑者石原悟の弁護人をしております、弁護士の望月と申します。昨日、石原の取調をされたそうですね。今日接見で本人から聞きました。罪を認めれば早く釈放できるとか、否認のままでは保釈も認められない、何ヶ月も留置場にいなければならない、と言って脅したそうですね。それは自白の強要ではないですか。あなたは仮にも公益の代表者として捜査をしなければならない立場なのですから、自白の強要が許されないことはお判りでしょう。今後は二度と石原を脅して自白を強要するようなことはしないで下さい。あなたの取調のやり方はひどすぎますよ」

一通り言い終わった後、加藤副検事が反論した。

「突然、何をおっしゃるのですか。私は自白の強要などしていません。失礼なことを言うのは慎んでください。被疑者からどう聞いたか判りませんが、電話で一方的に言うのは失礼ではないですか」

加藤副検事の弁解は望月にとって納得できるものではなかった。むしろ自らを正当化する加藤副検事に対して一層怒りを覚えた。

言い争いは数分間続き、そして電話を切った。腹立たしさとともに後味の悪さが残った。

事情聴取

一三日、哲夫は悟の面会を終えて帰ろうとしたところ、畑山刑事から呼び止められた。

「ちょっと、いいですか。お話があるんですけど」

何だろうと思いつつ畑山の後をついていくと、捜査係の職員が座っている机の間を通り奥にある小部屋まで連れて行かれた。そこへ野口係長が現れた。

「調書を作って、検察庁に送らせてもらいます」

その一言から事情聴取が始まった。

哲夫は嫌な気がしたが質問に答えた。

「悟君、車は持ってるんですか?」

「ええ、セフィーロって車を持っています」

哲夫が答えた。

「ああ、団地の駐車場にある白いセフィーロですねえ。ローンだとしたらキビしいでしょうねえ」

セフィーロのローンなどないし、悟はお金に困ったりなどしていない。だいいち哲夫は車の色など話していない。にも関わらず野口は車の色を知っていた。間違いなく野口は自宅の周りを嗅ぎ回っている。

そして、そのことは野口がその気になれば近所の人に容疑者である悟のことを聞くことだってできると言わんばかりであった。

真面目に話をするわけでなく悪意に満ちた質問で、まるで悟がお金に困っていたというような方向に話を持っていこうとしていることが哲夫にはわかった。

一寸というので長くても十分くらいで終わるのかと思ったが、一時間経っても、いつ終わるとも判らない雰囲気だった。思い切って、後どれくらいかかるのか聞いてみた。

すると「あと、一時間位」との返事だった。「一寸」と言って哲夫は呼び止められたのだ。あきれ果てて今日はもう時間がないと言うと
「署名を貰いたい。明日一時までには作っておく、間違いがあれば直す」

野口はそう言いつつもさらに質問を続けようとするので、哲夫は約束の時間に遅れると言って、ようやく解放された。

翌一四日、哲夫は、自分が昨日話したことが野口の手によって警察が有利になるように曲げられて書類が作成されていると感じ、署名を拒否した。

野口は「署名しないのは弁護士の差し金かあ?」と聞いた。

哲夫は「いいえ、自分の考えです」と答えた。

「そっかあ。それじゃあ釈放は何ヶ月も先になりますよ。裁判になれば何年もかかりますけどそれでもいいと言うんですね」

野口が凄みながら言った。

「悟はそんな人間じゃありません」

哲夫はそう言って署を後にした。

利益誘導

一三日。高輪署取調室。

野口刑事が取調を行った。

野口は、取調室にある机の上に大学ノートを置き、それにメモをとりながら、話し出した。態度は従前と同じ横柄なものである。この取調も悟から自白を取る目的であることは明らかだった。

「仮に自供すれば起訴猶予になるかもしれないよ。そうすれば、裁判にならずに釈放だ」

嘘でも罪を認めれば釈放される、野口は平気でそう発言した。野口刑事自身は、感覚が麻痺しているので、この言葉の不条理さに気付かなかった。

「君が罪を認めないために、会社の同僚達の時間をとって話を聞かなければならない。そういうことを考えたことがあるのか」

これは脅迫ではないのか。悟は心の中でつぶやいた。

野口は、大学ノートに長い線と短い線を書き、それを悟に見せた。二つの線を示しながらゆっくりと説明した。

「認めれば短く終わるものが、認めないために長くなることもある」

悟は説明を聞きながら、視線を短い線から長い線に移した。

線は身体を拘束されている期間のことを示している。

絶望感に似た感情が自然と湧き出てきた。

留置場生活

一四日。高輪署留置場。

刑事の取調べはこのところ毎日続いていた。

刑事から取調べを伝え聞いた留置係の担当官は「いしはらァー。調べぇー」と大きな声を出す。

寝ていても起こされる。起きている時に聞くとドキッとする。

こんなことを毎日続けられては精神的にまいってしまう。

飯島や矢口といった連中はすでに罪を認めているので取調べはほとんどない。

悟は飯島や矢口のことを内心羨ましく思っていた。

逆に、飯島や矢口は頻繁に取調べに出される悟のことを羨ましく思っていた。

どうやら罪を認めた人間にとって取調べは楽しいらしい。

飯島などは好きなだけタバコを吸ったり、大好きなコーラを奢って貰えるから取調べが大好きだと言っている。

しかし悟の場合、取調室に行けば刑事たちはアノ手コノ手で自白を迫ってくる。大声で威嚇されたり、家族も自白して欲しいに決まっているなどと言われるのだ。

今日もまた畑山刑事から何時間も自白を強要されるかと思うと悟はうんざりしていた。

そんな悟の姿を見て飯島はニヤニヤと笑っている。

「いしはらァーー。ハイ！しィらァべェェェェ」飯島が大声で留置場担当官のマネをする。

留置場の中の人間が皆笑っている。悟は苦笑いしたあと
「バカ言ってんじゃねえよ」

と言って飯島の腹に軽く拳を当てた。

「じゃ、行ってくるわ」

「ウィッス。頑張って下さい」

飯島が笑いながら言った。

どうしようもなく重い気持ちを飯島に悟られないように、悟も笑いながら出て行った。

畑山が悟の取調を行った。

話す内容は前と同じ、洗脳作戦だった。

相変わらず「社会通念上」を連呼し、悟のストーリーは誰も信じないことを強調した。

精神的に弱ければ、間違いなく畑山の作戦に籠絡されていたはずだ。

悟も、父哲夫が連日面会に来てくれたり、ほとんど毎日望月が接見に来てくれていなければ、この洗脳作戦によって嘘の自白をしていたことであろう。父や弁護士の精神的支援がなければ、精神的に追い詰められ、警察の思い通りの調書を作成されていたはずである。

夕食の時間になり厳しい取調べは終った。

手錠に青い腰紐を通し留置場に戻ってくると、悟はヘトヘトだった。

手錠を外してもらい再び牢の中に入ると
「お帰りなさい。お疲れさんッス」

飯島が迎えてくれた。

「おう。少し疲れたな」

悟は軽く流した。

矢口や飯島と隣の車座に座り夕食を食べた。

こんな生活が何日も続いている。悟は心底疲れていたが、心だけは強く持ちたいと思っていた。気持ちが折れたら今にも体調を崩しそうだった。悟を支えていたのは心配してくれている家族や頻繁に接見や差し入れに来てくれる人間の存在だけだった。

留置場の中の人間たちと徐々に打ち解けてきたことも救いだったかもしれない。

矢口や飯島と普通に話をすることは多少なりともストレスの発散になった。

この日の夕食の席、突然、矢口が質問してきた。

「石原ちゃんはシャバに彼女いるの？」

「いや。えーっと、今はいません。俺モテないんですよ」

悟が答えると飯島が口を挟んだ。

「俺もッス。今は彼女いないんスよ」

最近、この二人とも気軽に話ができるようになっていた。ここでの生活に慣れてきたのだろうか。そう考えると悔しさが込み上げてきたが、矢口や飯島にそんなことは言えなかった。

夕食の時間は決まって担当官がラジカセを持ってきた。

黒い小さなラジカセで、いつも決まってポールモーリアをかけてくれた。

よくマジックショーなどで使用されるチャラララララ～というアレである。

毎日毎日あの曲を聞いて夕食をとるのである。

毎日のことなのに飯島は嬉しそうだった。飯島が嬉しそうだったのにはわけがあった。

二つ隣の三房に入っている宋明分という男がこの曲が始まると必ず「よーし、それじゃあ宋ちゃんのマジックショーや！チャララララ～明日の朝には牢屋から消えてるでェ!!」と言うのである。

飯島を始め留置場の中の人間は毎日ゲラゲラと笑っていた。

この時間ばかりは悟も少しホッとした。

娑婆で日常生活を営む者にとって、留置場は想像がつかない世界かもしれない。

自白獲得作戦

一六日。高輪署取調室。

警察はさらに巧妙な自白獲得作戦を展開するようになった。

悟の弁護士に対する信頼を突き崩す作戦に出たのだ。悟に揺さぶりをかけ、心の支えを破壊した上で自白をとる。これも警察の常套手段である。

この日は野口が取調の担当をした。

「俺には君の弁護士先生がことを荒立てているとしか思えない。あの弁護士先生がみんなおかしくしているんだよ」

「君、新聞とか読んでる。世の中には、罪を犯したのに無罪を勝ち取ろうみたいな気持ち悪い団体があるの知ってる？」

いくら何でも言っていいことと悪いことがあるはずだ。

悟は、取調室の中で野口に対して大声で叫びたかったが、ぐっとこらえた。そして「やっていないことを認めるつもりはありません」と言った。

質問攻め

一八日午前から夕方にかけて畑山が取調を行った。

この日の質問は主として次の一点であった。

「なぜ、豊田先輩と間違えなければならなかったのか。その必要性を教えてくれよ。その理由を教えてくれ」

悟は、なぜ間違えたのかわかりませんし、間違える必要性はありません、間違える理由が事前にはっきりとわかっているのなら間違いなど起こらないと考えています、と答えた。

隣で寝ていた男を豊田先輩と間違えたのは事実だ。間違えたことに必要性や理由などない。これは意味のない、意地悪な質問であった。

しかし、畑山は、その質問を何度も何度も繰り返した。

翌一九日午前中にも畑山と野口が取調をしたのであるが、そのときの二人の質問も同様であった。

密室の中で何度も何度も同じことを繰り返し言われると頭がおかしくなる。

さすがの悟もこの意地悪な質問攻めで頭がおかしくなりそうだった。

勾留理由開示

一九日午後四時。東京地方裁判所四〇一号法廷。

悟は手錠をかけられた姿で入廷した。

法廷は普段テレビドラマで観ていたのとそれ程違いはなかった。

法廷の中央に証言台席がある。その証言台席の真正面に裁判官席があり、そこは一段高くなっていた。裁判官の机は広く大きく、威厳に満ちていた。裁判官の机と証言台席の間に書記官が座る椅子と机が配置されていた。証言台席の左右にはそれぞれ机と椅子が配置されていた。普段、弁護人と検察官がそれぞれ使っているのであろう。法廷の後部には傍聴席があり、座り心地の悪そうなベンチ椅子が置かれていた。

今日、勾留理由開示公判が開かれることは望月弁護士から事前の接見時に説明を受けていた。

勾留理由開示とは勾留裁判官に勾留裁判の理由を明らかにさせる手続である。憲法三四条は、要求があれば、拘禁理由は、直ちに本人・弁護人の出席する公開法廷で示されなければならない、と定める。勾留理由開示制度は、この憲法三四条後段の規定を受けて作られたわが国独自のものである。拘禁理由の説明を求める権利を被拘禁者に保障し、公開法廷で理由を開示させることで不当拘禁をチェックし、これを除去することが目的である。

本来、勾留判断の正当性を担保する制度であるが、残念ながら、運用としては形骸化している。

東京地裁では、実際に勾留決定をした裁判官ではなく、その先輩格にあたる裁判官に勾留理由開示公判の担当をさせている始末である。

勾留理由開示公判は、弁護士が裁判官に対して勾留決定をした判断過程や理由を問い質すことを主とする手続である。

しかし、弁護士の質問に対して的確に回答する裁判官は皆無といっても過言ではない。いわゆる官僚的答弁に終始し、判で押したような紋切り型対応をするだけで、勾留決定をした真相を明らかにしない。

東京地裁刑事第一四部の吉田裁判官が裁判官席に着き、開廷した。弁護人席には望月弁護士が座っている。望月にとっては初めての勾留理由開示であった。机の上に書類を置き、高まる鼓動を抑えようとして、裁判官に対する質問や意見の準備に集中していた。

傍聴席には哲夫ほか家族や司法修習生が座っていた。実務的には勾留理由開示公判が開廷されることは少ない。余り行われない手続を見ようと、裁判官・検察官・弁護士の卵である司法修習生が傍聴に来るのだ。このような事情を知らない哲夫は傍聴席が満員になっていることを不思議に思った。

吉田裁判官は、悟に生年月日、職業、住居等を尋ね、その回答を得た後、勾留理由を開示した。まさに官僚的答弁であった。続いて弁護人が裁判官に理由を問い質す。業界では、これは求釈明と呼ばれている。

望月は弁護人席で立ち上がり裁判官に質問した。

「罪証隠滅のおそれについて、被疑事実のいかなる点につきどのような方法による罪証隠滅の余地を認定したのですか」

「罪体そのもの及び犯行動機等の重要な情状事実について、関係者らに働き掛けるなどして、罪証を隠滅するおそれがあると認めました。これ以上は、証拠の具体的内容にわたりますので、お答えできません」

「被疑者が罪証隠滅を企図することを推認させる事実をどのように認定したのですか。その根拠は何ですか」

「今述べたとおりです」

正直言って、望月は挫けそうになった。裁判官が余りにも一方的な対応に終始するからだ。それでも粘り強く質問することにした。

「逃亡のおそれを認定するについて、その根拠は何ですか」

「先程述べたとおりです。それ以上は、証拠の具体的内容にわたりますので、お答えしません」

最後の「お答えしません」には力が込められていた。

望月はやむなく質問事項を変えた。

「現行犯逮捕時の、被疑者と被害者とされている平田和良の距離、位置関係をどのように認定したのですか」

「証拠の具体的内容にわたりますので、お答えしません。求釈明は以上ですか。それでは意見を述べてください」

裁判官は早く手続を終わらせたくて仕方ないという感じで、意見表明を急がせた。

望月は裁判官の冷たい対応にただ唖然とした。これ以上は話にならないと思い、悟に意見を述べるよう促した。

悟は、法廷の中央にある証言台席へ行き、その前に立ちながら意見を述べ始めた。頭の中は最近取調べで厳しい質問責めにあっている状況が繰り返されていた。

「私が会社の先輩の豊田さんと被害者とを間違えた理由や間違える必要性がないから、私の言い分は信じられないとされています。

しかし、人を間違えることについて理由や必要性が分かっていれば、そもそも間違えないと思います。また、人を間違えてしまった者すべてに、必ずしもその理由や必要性があるとは考えられません。私自身は、当日、酒に酔い、豊田先輩と別れた記憶がなかったために、間違えてしまったと確信しています。

さらに、酒に酔ったために普段では考えもつかないことをしてしまうことがあるものだと、取調官から言われましたが、『普段では考えもつかないこと』の中に、知らない人と知人を間違えるということは入らずに、人の物を取るということだけが入るというのであれば、私にとって余りにも不利だと思います。

私が被害者のお金を取り出した後にその場でお金を数えたということですが、盗んだ相手の真横で盗んだお金を何度も数えたりするような者がいるとは、思えません。お金を数えていた時の位置などを詳しく分かっているのであれば、そのような所で、盗むという意識はあっても、盗んだ相手の真横で盗んだお金を数えていたら見付かってしまうという意識はなかったというのは、矛盾であって、おかしいと思います」

悟の意見はコンパクトで、かつ当を得たものであった。

引き続き望月が意見を述べた。

「本件には罪証を隠滅するおそれはありません。

本件で罪証隠滅が考えられるのは人に対する働き掛けだけです。

関係者は平田と現行犯逮捕した警察官です。

まず、平田について、石原君は何ら面識がなく、勾留段階になって、私が勾留状謄本を取り寄せて初めてその名前を知りました。石原君は、逮捕当時、相当酒に酔っていて、記憶が確かではないので、平田の年齢、風貌等は覚えていません。もちろん、住所等も知る由はありません。石原君が平田に接近することはそもそも不可能な状況です。平田に対して働き掛けることは考えられません。

次に、逮捕警察官についてですが、警察官に対して働き掛けるなどということは論外です。

このように、本件では罪証隠滅のおそれはありません。

逃亡すると疑うに足りる相当な理由もありません。

石原君は、責任ある社会人として真面目に勤務してきました。

東証一部上場企業の関連会社に勤務して一〇年になります。

今回、石原君の父哲夫氏と私は、会社の上司数名に事情を正直に打ち明けました。

上司から、あの真面目で誠実な石原君が人様のものを盗むはずがない、と温かい言葉を頂戴した上、勾留での欠勤を有給休暇扱いにしてくれました。

このように人望の厚い石原君が本件の捜査で嫌疑がかけられているだけで逃亡することはありえません。

逮捕警察官は、石原君がお金を数えていたと言って迫ったと聞いています。

もし、本当に盗みだとすれば、すぐ横にいる平田がいつ起きるかもしれない、あるいは目撃者がいるかもしれない現場で、堂々とお札を数えるものでしょうか。

これは不自然です。

警察のストーリーは被害者の真横で堂々とお札を数えていたことを前提にしていますが、これはそれ自体破綻しています。

さらに、今回の捜査には数々の問題点があります。

第一に、逮捕警察官が、石原君に対して実力を行使し、ワイシャツのボタンをはじけ飛ばし、ズボンを破ったことです。

第二に、捜査当局が石原君の自白をとりたいがために問題のある取調を行っていることです。石原君は警察官から『自供すれば、起訴猶予になるかもしれない』と言われ、検事からは勾留延長直前の取調で『このまま否認するならば、一〇日延長するつもりだ、保釈も認められないだろう、起訴されたら何ヶ月も留置場にいるから』などと言われています。

このような不当捜査から解放するためにも、勾留は取り消されるべきです。

ところで、刑事拘禁者の扱いについては、身体拘束をしないのが国際的な原則です。

欧米諸国では、身体を拘束される被疑者の苦痛は計り知れないとの配慮から、原則として身体を拘束しない方向で考えています。

わが国も批准している国際条約である『市民的及び政治的権利に関する国際条約（国際人権B規約）』の第九条第三項後段は次のように規定しています。

裁判に付される者を抑留することが原則であってはならず、釈放にあたっては、裁判その他の司法上の手続のすべての段階における出頭及び必要な場合における判決の執行のための出頭が保証されることを条件とすることができる。

裁判官におかれては、大所高所に立って勾留を取り消すようお願いします」

望月の熱弁は、被疑者席に座っている悟や傍聴席にいた哲夫達を感動させるものであった。しかし、裁判官は、全く聞いていなかったかのように、「それでは閉廷します」と言って、法廷を後にした。もちろん、その後勾留取消の決定などされなかった。

検察官捜査

二〇日朝、悟は東京地検行きのバスに乗せられた。

東京地検にバスが着いた。

手錠を縄でつながれた悟たち被疑者は列をなして順番に入り口に向かう。

悟はふと東京地検の壁を見た。ガラスには、顔色が悪く、髪はぼさぼさで、痩せ細った姿が映っていた。

なぜ、こんな所に自分が来なければならないのか。

怒りが込み上げてきた。

怒りとともに家族や友人の顔が頭に浮かんだ。逮捕されて以来、毎日、家族や友人が面会に来てくれている。彼らを心配させないよう、疲れ切った顔だが少しでも健康そうに、元気そうに見えるようにしなければならない。悟は健康そうに見える表情の練習をした。

区検に連れて行かれた後、また檻のような部屋に閉じこめられた。部屋の中では片側に五人ずつ細長い木製の椅子に座らされる。両腕を手錠でつながれ、椅子は堅く、脚を伸ばすこともできない。この部屋で拘束されているだけで苦痛であった。

悟は昼過ぎに加藤副検事に呼ばれた。手錠につながれたまま部屋に入り挨拶をして、検事の向かいの椅子に座った。

加藤副検事は少し上目遣いをしながら嫌味から切り出した。

「あなたの弁護士さんねえ。何か勘違いしているみたいだね。あなた前回話したことを弁護士さんに何て言ったの。私、あなたのせいで随分と食ってかかられちゃったんだけど」

「私は弁護士さんにありのままを話したつもりですが」

「私、あなたと取り引きしたつもりはないのに、えらい剣幕で電話されちゃったんだけど、あなた刑事から言われたこととごっちゃになってるのかな」

「まあ、それはいいですけど……。時間がないので始めましょう」

この言葉で取調が始まった。

自分のせいでいやな思いをしたと露骨にいやな顔をされた。悟は検事と取調自体に不安を覚え、心配で仕方なかった。

取調が始まると、加藤副検事は次々と質問を繰り出した。

悟が回答する度に「ふーん」と首を傾げる。悟は自分が何かおかしなことを言ったのかと心の中で悩んだ。質問は当日の行動から順を追っているようではあるが、悟の記憶の順とは違っていた。加藤副検事の頭の中で完成したストーリーに沿って質問を組み立てていたのだ。質問は悟の記憶と微妙に違う角度から訊かれたため頭が混乱した。悟が質問に答えられないでいると、副検事が自分でストーリーを考え、こうだったんじゃないかとたたみかけるように言った。さらに「断言できるのか。根拠は何だ。今思えばという感じで今はこうだったんじゃないかなと思うだけなのか教えてくれ」と言った。当時の酩酊状態での状況を断言しろ、という方が無理な話だ。概ね、説明されたとおりだと思うが、断言はできないと回答した。

副検事は、悟の心理状態を知りながら、そんなことはお構いなしに答えに窮する質問をし、被疑者を不安にさせ、根拠の乏しい供述をとる。被疑者が否認をしているときにとられる常套手段である。このような手法で作成した供述調書は、被疑者の否認供述が書かれてはいるが、その供述の中に矛盾点を挙げたり不自然な供述を織り込んだりしているのである。被疑者の言い分は信用できないことを示すためにこのような作業を行う。もちろん、加藤副検事は戦略的にこの取調方法を行い、悟にその言い分を減殺するようなことを言わせて調書に記した。悟は素人で、加藤副検事は玄人。加藤副検事が悟を手玉に取ることは至極簡単なことだ。

質問が終わった後、悟は供述調書を渡され、目を通し間違いがないか確認するようにと言われた。その際、副検事は「おかしな所があったら言ってください」と付け加えた。

供述調書は、自分の言葉では書かれていなかったし、自分の言ったことの全ては書かれていなかった。その感想を話したところ、副検事は、片方の眉毛を釣り上げながら「それじゃあ、どことどことに何て言葉が足らないの」と攻めてきた。

取調室という密室は特殊な環境だ。

一方は圧倒的に力の強い捜査官で、他方は脆弱な被疑者である。

捜査官は百戦錬磨で経験豊富だが、被疑者の方は経験が少ない。権力、情報、経験の蓄積がある者に対峙しているのだから、被疑者がそのパワーに圧倒されるのは当然だ。捜査官の言うことに反すると何かとんでもないことが起こるような雰囲気が充満している。

この特殊な権力関係の中で、脆弱な被疑者が数十分前に話をしたことを的確に言えるはずがない。確かに、供述調書は重要な証拠である。被疑者の今後の人生を左右する程の力を持っている。普通、重要なものであれば、草稿を作成した後、関係者がこれを吟味し、推敲を重ね、その書面の精度を高めるものである。例えば、企業が重要な契約書を締結する前には何度も交渉を重ね条項を詰める。

しかし、供述調書は被疑者自身が十分にチェックすることができない。

捜査官が圧倒的な力を有しているため、被疑者に吟味、検討させる時間を与えないからだ。十分な検討時間を与えたら仕事が滞るし、捜査側に有利な調書を作成できない。捜査官の思惑により被疑者は供述調書の内容を十分にチェックできないでいる。

捜査官は供述調書の署名指印を急がせる。時間がないから早くしろとせかすのが普通だ。加藤副検事もご多分に漏れず悟に早く署名指印するよう促していた。

それでも、悟は勇気を出して検事の使う言い回しが自分の言葉と違うことや悪意を感じることを伝えた。副検事は、「同じ意味でしょうがっ」と大きな声で怒鳴った。隣に座っている男性の検察事務官に「ねえ」と同意を求めた。検察事務官は「はい」と言って頷いた。そして、副検事は身を乗り出すように「これでよいですね」と署名指印を求めた。有無を言わさぬ無言の圧力があった。悟はやむをえず署名に応じた。

「これで終わりです。もしかしたら、もう一言二言あとで訊くことがあるかもしれません」

東京地検への移動を含め悟は七時間以上もの間手錠につながれた。そして、重圧を感じる取調を受けたのである。本当に疲れる。このとき悟は心底疲れていた。正直言ってもう一言二言なら今日中に訊いてくれればよいのにと思った。

高輪警察署に戻ると明日も検事調べがあることが伝えられた。

どっと疲れが増した。

副検事

二一日。東京区検察庁（＝区検）。

加藤副検事は、二〇日のときと全く同じ質問を繰り返した。同じことばかり訊くので嫌がらせではないかと思った。それでも悟は自分の言うことを信じて欲しくて質問に対して懸命に答えた。しかし、加藤副検事は悟を犯人であると決めつける態度をとりつづけた。ときに悟の答えに対して鼻で笑ったこともあった。その態度や質問の仕方に悪意を感じ、黙秘をすることもあった。すると、副検事は「あなた、盗んでないなら話せばいいじゃない」と嫌味たっぷりに皮肉った。そして、副検事は、自分で考えたストーリーを話し、悟の真実の訴えをばっさり否定した。盗もうと思って現金を抜き取った、これ以外に考えられないと頑として言い張るのである。

悟がこの日の供述調書に署名指印をした後、副検事は悟に話しかけた。

「で、ぶっちゃけた話どうなの」

これまでの取調で訴えたことは何だったのか。怒りがぐっと込み上げてきた。

「お酒に酔って人を間違えただけです。本当の話です」

「ふーん。そうですか」

少し間をおいてから続けた。

「実は私は今回のことが非常に残念なんです」

「あなたの弁護士から食ってかかられたことが非常に残念だったんです。私はあのことがあって、あなたに対してだけは極めて事務的に、極めて事務的にあなたを起訴するためだけにしか接することができなくなったのです。正直本当に残念に思っています」

「おっと、こんなこと弁護士さんには言わないでくださいよ。また、電話がかかってきてしまいますからね」

そう言って人差し指を口の前で立てた。

「検事さん、私は酒に酔って人間違いをしただけです。本当なんです」

「そうですか。ただ、もうこれ以上話さないでください」

「私は起訴されなければならないのでしょうか」

「これから、上の者と話した上で決めることになります。あくまでも事務的に」

「最後にあなたとこういうふうに話せたことは非常によかったと思います。ただ、それだけにあなたの弁護士から食ってかかられたことが残念でなりません。あなたに会うことはこれで最後になると思います。もしかしたら裁判の中でまた会うことがあるかもしれませんが。とにかく今回の件が残念だと思ったのはそういうことです。もう何も言わないでください。それだけです」

副検事は席を立って椅子の後ろにある大きな窓に向かった。そして、振り向いた。

「以上です」

早く部屋を出たまえ、そういう台詞と同じだった。

「どうもありがとうございました」

悟は深々と頭を下げてその部屋から出ていった。

第二部

起訴

怒り

悟は二一日夜から二二日にかけて副検事の取調のことばかり考えていた。「極めて事務的に」「あくまでも事務的に」。この言葉が何度も何度も頭をよぎった。

望月弁護士から起訴されるかもしれないので甘い期待は禁物だと言われていたが、自分の気持ちは副検事に伝わったのではないかと楽観的な期待を持っていた。無実の者が起訴されるわけがない。根底にはそういう考えもあった。

二三日夕刻、留置係の担当から起訴されたことが伝えられた。悟は正直言って驚いた。

そして、副検事に対して腹が立った。自分から虚偽自白を勧誘するような取引をしておきながら弁護士の正当な抗議に対して勝手に腹を立て、悟に対して事務的に対応したからだ。自分は事務的なルーティーンワークの中で犯罪者にされるためだけに取調べられたのだ。「事務的とは、こういうことだったのか」と悟は思った。そこには冷静で客観的な視点は欠けていたはずだ。もっと冷静で客観的に物事を判断できる検事だったら……。そう思うと我慢できないくらい悔しくなった。

第一回保釈請求

六月二三日夜、さくら共同法律事務所。

望月は頭を抱えていた。

悟が起訴されたからだ。

ほぼ毎日接見に行き悟をサポートしてきた。悟からの手紙を受け取るや、その時点で手紙が存在していたことを証明するために、公証役場に行って公証印を押すなど精力的に行動してきた。悟の無実を信じてきた。もちろん、今でも無実を確信している。担当の副検事はなぜ悟の無実がわからないんだ。正義が圧倒的な力によってねじ曲げられている。そういう印象を受けた。耐え難い不条理に頭が爆発しそうだった。釈放を信じ近くのホテルで待機していた悟の兄敦と父親の哲夫に電話で起訴されたことを話した。哲夫も望月以上に動揺した。心から悔しがっていたようだ。

望月は気持ちを切り替えて、保釈請求書の作成に着手することにした。せめて保釈によって身柄の拘束を解いてあげねばならない。

二三日は金曜日だったが、望月はその夜保釈請求書の準備を始めた。土曜日や日曜日もその作成に没頭した。

望月は二六日月曜日には保釈請求書を東京簡易裁判所に提出した。保釈請求書提出時には身柄引受書を同時に提出する。身柄引受書は、被告人が公判廷に出頭することについて監督するという趣旨が明記された書類である。

保釈は、自由を奪われていた者が再び自由を取り戻して、当事者本人として来るべき裁判に準備できるようにするための制度である。原則として、保釈は被告人の権利である。

保釈のポイントは「罪証を隠滅すると疑うに足りる相当な理由」（刑事訴訟法八九条四号）があるか否かである。この相当な理由があると認められると裁判官は保釈を却下するのだ。つまり、引き続き留置場で身柄を拘束するのである。

刑事訴訟法八九条四号には単に罪証を隠滅するおそれと書かれているのではなく、「疑うに足りる相当な理由」と書いてあるのだから、口封じや口裏合わの抽象的な可能性があるだけではこれを認めるべきではない。権利保釈を原則とし、勾留を被告人の法廷への出頭確保の制度とする刑事訴訟法の趣旨からすれば、「罪証隠滅のおそれ」は極めて厳格に考えなければならない。例えば、否認していることは、当事者としての防御権の行使にすぎない。否認しているから証人予定者の口封じをしたり、誰かと口裏を合わせる可能性があるなどと考えるのは論理の飛躍がある。

しかし、裁判所の実務では、「罪証を隠滅すると疑うに足りる相当な理由」につき、口封じをする漠然とした可能性で足りるという理解で運用されている。無実を主張する事件では、ほとんどといってよいほど保釈が認められない。無実主張は捜査当局から見れば虚偽の弁解としか映らないため、捜査当局や裁判官は、これを罪証隠滅のおそれそのものであると捉えるのである。

望月の作成した保釈請求書の保釈理由は次のように格調高い文章で始まる。

「本件は、刑訴法八九条の権利保釈に該当するものであり、裁判所においては、被告人の身柄を速やかに解放すべきである。

捜査の進展に伴って罪証隠滅のおそれの程度は減少する。そして、捜査当局は、完全に証拠を収集したからこそ、捜査を終了した結果起訴に至る。とすると、起訴後の段階では罪証隠滅のおそれはない。

被告人は検察官と対等の訴訟当事者である。捜査の対象である被疑者の地位に比して被告人の防御権保障の重要性はさらに強いというべきである。この観点から、罪証隠滅のおそれについて判断するに当たっては厳格に行われるべきである。

本件で考えられる罪証隠滅の可能性としては証人予定者に対する口封じのみである。

被害者とされる平田については、被告人は当時酩酊していて記憶が不明確であるため、平田の風貌等は覚えていないし、同人の住所等も知る由はない。平田に接近することは不可能な状況であり、口封じを行うべき蓋然性はない。

また、逮捕警察官に対する口封じなど論外である。被告人は逮捕した警察官の氏名すら知らないので、そもそも接触する可能性すらない。

仮にこのまま身柄拘束が続くとすれば、弁護人らとしても十分な弁護活動ができない。裁判所においては、公正かつ迅速な裁判を実現するべく、保釈を許すべきである。

以上述べたところにより、裁判所におかれては、すみやかに保釈を認め、一刻も早く被告人の身柄を解放されたい」。

裁判所は、保釈請求に対して、まず、検察官に意見を求める。

実務上「求意見」と呼ばれているものである。「しかるべく」という意見であれば、保釈は認められる。「しかるべく」とはとくに異議、異論がない時に用いられる。しかし、意見が「保釈請求は、不相当であり却下すべきものと思料する」であれば、保釈はほぼ却下されるのが実状である。否認する被告人の保釈請求に対しては圧倒的に後者が多い。

保釈請求に対して意見書を作成したのは加藤和雄副検事であった。

副検事は二八日、保釈請求は不相当で却下すべきであるとの意見を具申した。

内容は、悟や望月を誹謗中傷し酷評するものであった。望月からの正当な抗議を受けたことに対する生の怒りが透けて見える文章であった。

「本件は、深夜、ＪＲ品川駅自由通路内において、仮睡者のショルダーバッグ内から現金一〇万円を窃取した、いわゆる仮睡盗事案である。本件は、警察官が現認し、現行犯逮捕したものであるところ、被告人は、『寝ていた男は会社の先輩と思った、タクシー代を借りただけだ』と強弁して犯意を否認する。

一方、弁護人は、被告人が誤認したとする勤務先の先輩である豊田健一や被告人の勤務先関係者に対し、捜査に協力しないように働きかけ、これにより豊田等は警察官や検察官の取調を拒否し、そのため、未だ取調が実現していない。弁護人は、豊田らの取調には弁護人の立会と供述調書の事前チェックを求め、これが要れられなければ出頭させない立場であり、事実上の捜査妨害を行っている。

これは弁護人による、防御権・弁護権の正当な行使の範囲外にあるというべきである。

本件では、被告人の飲酒状況や足取り、酩酊状態、豊田と誤認する可能性等、被告人の弁解の真否が重要な意味を持つところ、弁護人の捜査妨害により、捜査が十分に尽くせない状況である。つまり、重要な参考人が未だ捜査官から取調を受けていないのであって、このような状況下にあって、仮に被告人が保釈されるならば、同じ勤務先の先輩と後輩という地位を利用して豊田らと通謀し、事件当時品川駅で飲酒する予定であった、このため当時横にいた男が豊田と誤認したなど、被告人の弁解に沿った証拠がねつ造される可能性のあることは火を見るよりも明らかである。

弁護人は、本件被害者に接近することは不可能な状況にあり、同人に対する口封じの客観的可能性は存在しないと主張するが、被害届等の関係証拠書類は近日中に開示予定であり、それにより被害者の身分事項が当然明らかになる。被告人は、泥酔している被害者に声を掛けたら『ん』というような返事をし、『お金、お金』と聞いたら『カバン』と言ったのでバッグの中から現金入りの封筒を取り出した旨供述する。逮捕者の供述からも、当時このような会話が成立することは困難な状況で、これは逮捕後に被告人が自らの罪責を逃れるため思いついた弁解に過ぎないと思料されるところ、被告人が不合理な弁解を繰り返していることや、弁護人による捜査妨害活動等にかんがみると、被告人が被害者に対し、働きかけをなし、罪証隠滅をなす可能性が極めて高いというべきである。

また、大手企業とも言うべき会社に勤務しているからこそ失職を恐れて、刑責・罪責を免れるため、詭弁を弄し、種々の罪証隠滅工作をなすのである。

以上のとおり、本件請求は刑事訴訟法八九条四号に該当するものとして却下すべきである。更に、先に述べた状況にかんがみれば、裁量保釈すべき事情もない」。

東京簡易裁判所は、求意見を受けて、二八日当日、保釈を却下するとの決定を下した。要するに、保釈は認めない、身柄の拘束を続けるという判断である。

準抗告

望月は、翌二九日、却下決定に対して不服があるとし、準抗告の申立をした。保釈請求却下決定を取り消して、保釈を認めるべきだという申立である。申立書には父哲夫の誓約書を添付した。望月が哲夫から聞いた内容をまとめたものだ。

「　　　　誓約書

過日、息子悟の件で勾留理由を開示された折りに証拠隠滅の恐れを挙げられましたが、その証拠とはどんなものを指すのでしょうか。被害者への働きかけを防ぐためという説明もありましたが、ただ一人の関係者と思えるその方への働きかけなど考えたこともありませんし、絶対にさせません。

今までに酔った友達を送って遅く帰ったことは何度かありますが、今回のようにほぼ二日間も連絡がつかなかったことはありません。捜索願を出そうかと考えていたとき、突然、警察の留置場から電話をもらいました。我々は驚愕のあまり誰も声さえ出ませんでした。

我々は皆、悟がそんなことのできる人間ではないと信じています。悟は小学生のころから特殊学級に通う子どもの手助けを自発的にするなど弱者に対して思いやりのある、とても優しい子どもでした。

今では、妻の実家で九〇歳を過ぎた祖父母に頼りにされて、こまごまと食事の手助けをしたり、彷徨する祖父を探しに行ったり、祖母を夜中に病院に連れて行ったりと年寄りを安心させるために頑張っております。

週末にはテニス、スキー、キャンプに仲間と出掛けることも多く、友人に恵まれて充実した生活を送っております。

六月一三日に捜査担当の係長とお話しした際、私の職業について聞かれました。仕事柄警察の方と接触することが多いと申し上げましたら、それとこれとは一緒にできないといわれました。勿論、私も公私混同するようなことはしません。三四年間の公務員生活のうち一番忌むべきこととして、一種の要領の悪さを誇りとして生きてきました。これからも、六〇年の人生を否定するような誤った行動をすることなく生きていきます。

保釈が許可された際は私が身柄を引受け、許可の条件を守らせ、指定の期日には、必ず出頭させることを誓約致します。

是非ともよろしくお計らい下さいますようお願い申し上げます。

平成一二年六月二九日

住所
氏名　　石原哲夫　　印
被告人との関係　父

東京地方裁判所刑事部　御中」

この準抗告は、東京地方裁判所刑事第二部が判断することになった。

刑事第二部は二九日、準抗告の申立は理由がないから棄却すると決定した。保釈は駄目だと判断したのである。理由は、被告人の弁解状況及び関係者の取調状況等からすると、現時点で被告人を保釈した場合、被告人が被害者や会社の先輩等の関係者に働きかけるなどして、罪証を隠滅すると疑うに足りる相当な理由があるとのことである。

裁判所にとって、被告人が話す内容は「弁解」である。事実を語るものではなく言い訳がましいことをしゃべっているという理解だ。また、放っておくと被告人は関係者に働きかけるものであると考えている。

このような考えが裁判官の頭に根強くこびりついているのである。だから、否認している被告人に対してはなかなか保釈を認めない。うがった見方をすれば、裁判所が検察官の立証を容易にするために保釈を認めないのであろう。つまり、被告人側の防御権を尽くさせないために保釈を認めないのである。保釈が認められない状況は、被告人本人に重い精神的肉体的負担がかかるだけではなく、経済的負担もかかる。その期間被告人は全く仕事をすることができない。だから家族は大変だ。これはいわゆる身柄司法と呼ばれている実態である。ここに、無実の者が救われない要因がある。

望月は保釈却下、これに続く準抗告棄却の決定にショックを受けた。

悟や哲夫も同様にショックを受けた。またもや司法の厚い壁にぶち当たった。

懲戒免職

二八日、哲夫は悟の上司である小林本部長に会った。

起訴後初めての面会である。

小林部長は穏やかな口調で世間話をしてから本題を切り出した。

「石原さん。起訴された場合、規則で休暇にしておくわけにはいきません。懲戒免職になります」

やはりそうか。哲夫は口を開くこともできなかった。

「本人からの依願退職が将来的な影響が少ないと思います。いや、それがベストです。懲戒免職となると次の就職に差し支えます」

小林部長は親身になって話をしている。その誠実さが伝わってくるので反論をする気分になれない。心の中では悟は無罪なんですから、そこを何とかして下さい、とつぶやくのだが。哲夫としてはこれを悟に伝えるしかなかった。

翌二九日、哲夫は悟の面会に行って一部始終を話した。

予想していたこととはいえ、悟はボディブローを食らったような気分だった。営業で好成績を挙げたことや会社内での楽しい思い出が頭の中に浮かんでは消えた。悟にとって会社は自分の一部だった。それをもぎ取られるのだからその苦しみは相当なものがある。込み上げてくる感情を抑えながら言った。

「父さん。大丈夫だから。俺」

「……」

「小林部長に、大変お世話になりました、と伝えて下さい」

「……」

悟は依願退職することを決断した。苦渋の決断だった。

父への手紙

七月三日。高輪署留置場。

悟は父宛の手紙を書くことにした。

ほぼ毎日面会に来てくれる父に対して感謝の気持ちを形にしたいと考えたからだ。そして、この日が自由を奪われてから丁度一ヶ月。自分自身を奮い立たせるためにも手紙を書きたかった。

「父さんへ
父さん、忙しい中いつも面会に来てくれてありがとう。

面会のときは言葉が出てこないときもあるけれど、父さんを見るだけでここにいる僕が元気づけられ、希望の光を感じるのだから、外にいる家族は何も心配ないのだろうと思います。

もう一ヶ月が経ちました。日記などは書いてきましたが、手紙を書く気持ちがなかなか出てこなかったのです。みんなに心配を掛けていたことを思うと本当に申し訳ないと思います。うまい手紙を書こうと思っていないけれど、やはり手紙を書くのは難しいです。

昔、父さんあてに僕が旅先から出した葉書をえらく褒めてくれたことを思い出します。この手紙では残念ながら今の現状、感想のみです。いつ帰れるかは書けません。少し書いては少し考えペンを走らせる。当時父さんに葉書を書いたときの気持ちも今と同じだったような気がします。

父さん、僕は父さんのおかげで強く育ったのだと思います。そして母さんのおかげで涙を流せるような人間に育ったのだと思います。僕は良かったと思います。父さんと母さんがいて、兄貴の敦と妹尚子がいて僕の家は良かったと思います。

僕は今こんな所にいるけど、随分前から自分の幸せより家族の幸せを考えていました。少しでも早くここを出てみんなの笑顔を見たいです。

父さん、仕事もあるんだし、僕の面会はもっと少なくてもいいです。父さんに身体を壊されたら取り返しもつかないことです。父さん、母さんは元気ですか？

母さんは弱いから、母さんが心配です。

父さん、僕は、僕の信念、思いを貫きます。

僕は大丈夫だから、僕が帰るまで待ってて下さいとみんなに伝えて下さい。

繰り返しになるけど僕は大丈夫だから。

二〇〇〇、〇七、〇三　高輪より

悟

P．S．　みんなの応援が僕を頑張らせてくれます。
みんなの名前を読むと直接『頑張れ!!』と言われたようで嬉しかったです」

東京拘置所

七月二一日。

悟は朝から気が重かった。この日東京拘置所に移監されることが決まっていたからだ。

高輪署の刑事たちには頭にくることも多かったが、留置係の担当官は人間的にも常識をわきまえた者が多く「大丈夫、君なら絶対に大丈夫だ。自分を信じて頑張れ」と送り出してくれた。「向こうへ行ってもくだらんケンカだけはするなよ。何があってもケンカだけはしちゃイカン」とアドバイスまで言ってくれた。

迎えの護送バスが到着すると、手錠に繋がれた悟たちは検察庁へ向かった。

護送バスが検察庁へ着くと、移監の人間は一番端の牢に入れられる。

まだ一一時前だというのに「昼飯だ」と言ってコッペパンとジャムが配られた。雪印のチーズは食中毒事件の影響で明治乳業のチーズへと代わっていた。雪印のチーズの方が美味しかったなと悟はふと思った。こんなところでは何を食べても一緒だな。

移監される人間が縄で手錠を繋がれたまま、バスまで連れて行かれた。

悟はバスに乗る直前に、検察庁の鏡張りのような壁に写った自分の顔を見た。随分痩せた感じがした。これから東京拘置所に向かう。得体の知れない恐怖を断ち切るべく、鏡に写った自分の顔に気合をいれた。

護送バスの中に順番に座っていくと悟の座席は最後列だった。

反対側の最後列には通称オヤジと呼ばれている検察庁の刑務官が座っていた。すぐ隣には一人だけ女性がいた。女性と言っても風貌は女の子といった感じで、ジーパンにTシャツといったいでたちだった。明るい茶髪をしたその女の子は隣にいたオヤジから「ずっと外向いてなさい」と言われその通りにしていた。

悟の前には不法滞在で捕まった中国人がいた。

そしてその前にはどう見ても「自由業」の人がいた。

周りには悟のようにスーツを着てメガネを掛けている者など一人もいない。

ヤクザ風の男から「よう、エリート！何やったんだ！」という声が飛んだ。心の中で「何もやってないよ」とつぶやいたが、口には出さなかった。もし返事でもしようものなら同乗している刑務官に「私語は慎めっ！」と怒られるからだ。しかもほぼ一〇〇％、悟が怒られるに決まっている。ヤクザ風とサラリーマンのどちらか一方を怒ることで私語がなくなるのならサラリーマンを怒る方が楽だからだ。悟は警察のこういう所が嫌で嫌でたまらなかった。

それでも中には変わった刑務官もいた。地検での取り調べに慣れている様子の男達からはオヤジと呼ばれる男である。

オヤジはヤクザ風の男に対し、ドスの利いた声で「おいオッサン、話し掛けんな！」と一喝した。腐った警察の中にも、こんな男がいるんだなあと感心していると、今度は隣の中国人から「ねえねえ、女の子がいるよ」と話掛けられた。

中国人は小柄で、Tシャツ短パン、靴はズック靴だった。どう見ても子どもだ。

おそらく二〇歳そこそこだろう。

「シッ。わかった」

中国人は、悟の日本語を上手く理解できない様子で、再び「ねえねえ女の子がいるよ。ほら」と言って、最後列に座った女の子を指さした。

「わかったから、話し掛けないでくれ」と言ったが、もう一度「ねえねえ……」と繰り返す。ついにオヤジから「お前ら黙ってろ」と言われた。

全くイヤな気分だ。

小一時間程でバスは東京拘置所に着いた。

バスを降りるときオヤジは「兄さん、何やったんだい？」と訊いてきた。

オヤジも悟の風貌を見てどんな罪を犯したのか気になったようだ。その証拠に他の者には一切声など掛けていなかった。

「容疑は窃盗ですが、自分はやっていません」

悟は毅然とした態度で答えた。

「そうかい。辛いけど頑張りな」

なんとオヤジは励ましてくれた。オヤジの声を聞いたのはこれが最後だった。

東京拘置所に入ると桜金造似のゴリラみたいな担当官から整列を命じられた。

全ての人間が整列し終わると手錠が外された。その手錠を集めて持って帰るまでがオヤジの仕事らしい。心なしかオヤジの顔が寂しそうに見えた。オヤジは入り口のところで敬礼をして東京拘置所を後にした。悟は、オヤジの寂しそうな顔を見て、これから先の厳しいであろう生活を予感していた。

桜金造は整列をしたままオヤジを見送った全員の前にスタスタと歩いて来た。丁度、真中で歩みを止めると、「いいかお前らぁ！ここは東京拘置所だぁ！わぁかったかぁ！」とダミ声を張り上げた。悟だけではなく誰もがナンダコリャという感じで話を聞いた。

そんなことわかってるよと悟が思っていると、桜金造は続いて「始めに言っておーく！ココは留置場とは違ーう！」とまたもダミ声を張り上げた。全員で通し番号を言わせられると、ビックリ箱といわれるデパートなどにある試着室くらいの大きさの部屋に入れられ、お呼びが掛かるのを待った。お呼びが掛かると、検尿を済ませ、簡単な検診用の写真を撮って、血圧を測り、色覚障害者の検査まで終えると個別に質問を受けるのである。

質問は本人の確認をする意味で住所、氏名、年齢、職業などを聞かれる。加えて、独居房か雑居房のどちらを希望するか聞かれるが、独居房にはなかなか入れてくれない。芸能人や著名人などが優先して入れて貰えるようだ。

悟の前に並んでいた中国人と質問する担当官は次のようなやり取りをしていた。

「おい、お前名前は？」

「ハイ、ゴー・ホイデス」

「なに、おめえ嘘つくなよ、カク・キだろ？てめえ広東読みかぁ」

「イエ、ワタシ、ホントハ、ゴー・ホイデス。カクチャン、カクチャンッテ、ニッポンノ人ガ言ッテイルダケナンデス」

「うるせえな。てめえの名前はカク・キって書いてあんだろ。てめえは名前って聞かれたらカク・キですって答えればいいんだよ」

「家族は何人なんだよ？」

「ハイ、七人カゾクデシタガ、オバアチャントオトウトハ二ネンマエニ、シニマシタノデ、イマハ五人カゾクデス」

「ゴチャゴチャうるせえんだよ。てめえのバアさんが死んだとか関係ねーんだよ。中国の家で何人一緒に住んでるのか答えればいいんだよ。バカかてめえ。もういいよ。次ィー」

まったくいい加減だなと思いつつも、そのいい加減さに嫌な気分と恐怖を感じた。

悟は自分の質問の番になったとき「独居房を希望します」と答えるつもりだった。

しかし、担当官は「お前は集団生活はできるか？」と訊いてきた。

悟は「できると思いますが、できれば独居房がいいです」と答えた。

当たり前のように「贅沢言うな。独居房はどうしても独居でなければ困る人間が入るんだ」と言われ、雑居房行きが決定した。

独居か雑居、行き先が決まった者から建物の奥へ連れて行かれた。青白い蛍光灯が眩しい部屋に着くと全員素っ裸になれという指示があった。

指示どおり素っ裸になると全ての衣服をX線に掛けていた。

悟たちは素っ裸のまま身長を計り体重を量り、担当官の前に立ち全身をじろじろと見られた。

最後にケツの穴を見せると終了だ。

かわいい顔した少年っぽい男から、見たまんまヤクザな男まで。

刺青を入れた者の多さに驚かされる。もっと驚くのは担当官の言葉だった。

「なんだお前、ヘタクソな落書き身体に入れやがってバカじゃねえか。粋がってスミなんか入れてると、こういう所じゃ損するんだ。わかったか」

どう見てもヤクザの方が強そうで、怖そうだった。

しかし、ここ東京拘置所では担当官は絶対的な権力者だった。

悟がケツの穴を見せる為に並んでいた時、悟のひとつ前の男が「なんだぁ、てめぇチンポコにイタズラしやがって」「それでモテると思ってんのか」と言われた。

その男のイチモツの中には、パチンコ玉のようなドス黒い球体が二つも入っていたのだ。

テレビや何かで女性を悦ばす為に真珠を入れるという話を聞いたことがある。

このドス黒い球体が真珠なのか?それとも真珠を入れる為の金が無く本当にパチンコ玉なのか?はっきり言って分からなかったが、驚きと同時に気色悪いモノを見た気がした。

全ての検査が終わると、悟たちは官服に着替えることになった。ゴワゴワとしたその官服はグレーの上下で下は半ズボン、上は一時期、首相を務めていた政治家が好んで着用した省エネスーツを彷彿させるような形だった。パンツやランニングはメリヤス生地のモノで、全てを身に付けると何とも情けない気になった。

悟はせめてもの抵抗として上着の第一ボタンを留めずにいた。

すると、「何だ!お前はボタンの掛け方しらねぇのか?」「それともこれからデートでも行くのか?格好つけやがって!すぐにボタンを留めろっ!」と担当官から注意された。

言われたとおり、すぐ第一ボタンを掛けた。となりにいたヤクザ風の男は笑っていた。

悟と隣に座っていたヤクザ風の男は二人で整列をさせられ担当官に連れて行かれた。

担当官の言う通りに二人で担当官の前を歩き出した。

「次の角を右!」

「次の角を左！」

といいように、後ろから担当官は指示を出した。

一〇分少々歩いた。着いた先はわりと新しい建物だった。

歩いている最中に見た他の建物が古くオドロオドロしい建物だったことを考えれば、その新しい建物は少なからず安心感を覚えた。

ガチャガチャと音をたてて刑務官が鍵を開けた。すると、坊主頭の男二人が雑居房の中で正座をしていた。悟の目には真面目な男に映った。

「おい。お前ら、こいつらの荷物を中にひっぱってやれ」

刑務官が声をかける。

二人の男はササッと悟とヤクザ風の男のそれぞれの荷物を部屋の中に引き込んだ。

「よーしお前ら、気をつけをして大きな声で番号ぉー」

刑務官が悟たちに命じた。

「さぁんぜんきゅうひゃぁくななじゅうごぉばぁーん」

ヤクザ風の男がダミ声を張りあげた。

悟も何でこんな大声出さなきゃいけないんだと疑問に思いながらも、ナメられないように大きな声を出した。

「さぁんぜんきゅうひゃくななじゅうろくばん」

「ようし、ふたりとも部屋に入って着替えろっ！」

刑務官の指示どおりに悟とヤクザ風の男は雑居房の中に入った。そして、着ていた官服を脱ぎ始めた。

途端に刑務官の声が飛ぶ。

「おいっさっさと脱げよ！　てめえら」

「藤田てめえも手伝ってやれや！」

悟はぽかんとしていた。そしてこの部屋にいた二人の男のうちの一人が藤田だということが判った。

その藤田が言った。

「おい。とりあえずさっさと着替えてくれ！」

同時に藤田は悟のパンツを脱がせた。悟は何をするんだと思ったが、隣のヤクザ風の男ももう一人の男に手伝ってもらいながらテキパキと着替えていた。

刑務官は二人が着替え終わるのを確認すると、二人の荷物のチェックをして部屋の扉を閉めた。ガチャッというその音から、かなり重く分厚い扉であることがわかった。

弁護団

七月一五日。さくら共同法律事務所。

「大変難しい案件だな」

松井は腕を組みながら少し考え込むようにして言った。

「そうですかね」

望月と松井はさくら共同法律事務所の会議室で話し合っていた。松井は弁護士になって七年目。望月の先輩にあたる。望月が悟の件について今後の進め方や見通しについて松井に相談していた。

　さくら共同法律事務所では、担当者一人だけで事件の解決に当たることもあるが、合議で進めることもある。望月は正義を実現するために是非合議で進めたいと考え、松井に声をかけたのだ。望月が事件の概要を説明した後、無罪を勝ち取れるのかどうかを話し合っていた。

「悟君は無実なんですよ。捜査側には決め手の証拠はないはずです」

　望月は声に力を込めた。

「事件の記録は見たの」

「いいえ、まだです。まだ検察の方では記録の整理ができてません」

「事件の記録を読まずに決め手の証拠がないと言い切ることはできないだろう」

　望月は言葉に詰まった。

「………」

「ま、それはともかく、そもそも客観的な点では争いがないんだろう」

「ええ、それが何か」

「窃盗の構成要件に該当する事実に争いがなければ、被告人は窃盗の事実を認識していたということにならないか」

「悟君は被害者を先輩と間違えただけなんです。お金を取るためじゃなく、タクシーに乗るために預かっただけなんです」

「故意はないといえるんだろうか。故意の問題ではないとすれば、不法領得の意思の問題ということになるか」

　不法領得の意思とは、犯罪の主観的成立要件のことである。判例によれば、「権利者を排除して他人の物を自己の所有物としてその経済的用法に従いこれを利用もしくは処分する意思のこと」と定義付けられている。簡単に言えば、他人の物をあたかも自分の物のようにして、その物を通常の使い方で利用したり処分したりする意思のことである。現実の例を挙げて説明すると、女性の依頼者がある弁護士の気を引こうと弁護士の鞄を取ってしまった場合、鞄をその用法に従って利用したり処分したりする意思がないので、不法領得の意思はないと判断されることになる。この場合、窃盗罪は成立せず、別途、業務妨害罪が成立するか否かが問題になるだけである。

望月は少し考え込みながら松井の質問に回答した。

「そうですね。故意か、それとも不法領得の意思の問題ですね」

「でも、借りたお金でタクシーに乗ろうとしたんだろう」

「ええ」

「自分が借りた金をその経済的用法に従って使う意思があったことになるな」

「ええ」

「とすれば、不法領得の意思はあったことにならないか」

「……………そうですね。やはり故意があったかなかったかの問題ですね。どういう理論構成がいいかは文献で調査しておきます」

「それは頼む。いずれにせよ被告人が被害者を先輩と間違えたのか否かが争点になるな」

「その点は大丈夫だと思うんですが」

「なぜ、そう言い切れるんだ」

「悟君の人柄の良さは会って話をすればすぐ分かりますよ。彼が人から金を盗むような人じゃないことはすぐ分かります」

　望月は悟の人柄の良さを強調した。

　松井は首を傾げながら答えた。

「問題は裁判官がそれを分かるかどうかだろっ」

「裁判官だって分かりますよ」

「それは甘い。検察官が起訴したんだから、裁判官は原則として疑ってかかっている。実務では有罪推定が原則だ。だから弁護側はその推定を覆すに足りる立証をしないと無罪を取れない。いくら無実の人間でも、裁判官の偏見を取り除いてその推定をうち破らないと有罪だ」

「松井さん。何を言ってるんですか。推定無罪が原則でしょう。疑わしきは被告人の有利に。これが刑事訴訟法の鉄則じゃないですか」

　望月は青筋を立てて反論した。

「それはたてまえだろっ。実務では有罪推定が原則だ。それが裁判官の本音の部分だよ。もちろん、検察官もこの不文律を確信している。法廷でだらしない立証をしても有罪をとれる。だから法廷で悠然としている。裁判官にせよ、検察官にせよ、無罪かもしれないと思いつつも、有罪という間違った判断を平気でする。冤罪発生に未必の故意があることは間違いない。九九・八七％の有罪率を前にすれば、有罪判決の方が落ち着きはいい、だから無罪判決を出すには躊躇するが、有罪判決には躊躇しない。裁判官や検察官は冤罪製造マシーンと言っても過言ではない。望月君は、修習中に、このことを実感しなかったのか」

　松井はなに馬鹿なことを言っているのかという勢いでまくし立てた。

「そうでしょうか。それは余りにも偏ってませんか。一般的に、検察官も冤罪を作らないように努力していると思いますよ。悟君を担当した検察官は問題があったかもしれませんが。それに裁判所は権利救済の最後の砦でしょう」

「それは違う。裁判所は最後の砦なんかじゃない、ただの人権侵害機関だ」

「………」

望月は二の句が接げなかった。

松井は望月に指示を出した。

「それより、記録を精査することが先決だ。検察に記録の整理を急がせるように電話をしておいてくれないか。記録の謄写ができたら、さらに私の控え分、被告人の分、ご家族の分それぞれコピーするよう手配しておいてくれ」

「分かりました」

松井は胸ポケットから訟廷日誌を取り出した。訟廷日誌は弁護士の手帳で、スケジュール管理のツールである。松井は直近の空いている日を目で追った。

「被告人は留置場にいるの、それとも東拘（とうこう）？」

東拘とは東京拘置所のことである。

「ええ、昨日東拘に移監したようです。保釈のことですが……」

「請求したけど、却下されたんだろ」

「私、保釈のことを説明しましたっけ」

「いいや。でも、被告人は否認してるんだろ。そうであれば、裁判所は保釈を認めない。本当に酷いもんだ。さてと、俺は二週間後の七月二九日に行く。次の打ち合わせは記録謄写の後だな」

望月は悟が有罪になることなど思いもしなかった。刑事や検察官が間違えても裁判官は正しい判断をしてくれる、そういう思いがあったからだ。松井の絶望的な話を聞いて気分が重くなった。

起訴後接見

七月二九日午前九時、東武線小菅駅。

松井は駅の改札を通って通路に出た。

暑い日だった。汗がしたたり落ちてシャツがベトつく。

キャスター付きのトランクを引きながら東京拘置所を目指す。

小菅駅から東京拘置所までは徒歩五分程。

東京拘置所の門を通り受付に行く。受付で面会票に必要事項を記入し、弁護士バッジを見せながら面会票を提出する。番号札を渡されてから入り口に入り、弁護士待合室へと進む。弁護士待合室は暗く狭い。椅子はパイプ椅子で座り心地は悪い。周りには接見に来た弁護士たちがいた。黙々と記録を読んでいる者もいれば、雑誌や新聞に目を通している者もいる。

松井は空いている椅子に座って鞄から記録を取りだした。悟の記録である。

記録はそれ程分厚いものではない。悟の供述調書や被害者の供述調書、捜索差押調書、写真撮影報告書、実況見分調書など。

先日、この記録を踏まえて望月と松井は打ち合わせをした。

記録は捜査当局が作成したものであるから、悟を犯人にしようという意図に基づいて作成されている。とりわけ実況見分調書は本当に酷いものだった。悟の行動を目撃した逮捕警察官の指示説明に基づく再現写真やその説明文で構成されている。それには犯行再現状況の写真なるものが貼ってあった。写真には悟役の警察官が写っている。悟役の警察官が被害者のポケットを物色しているような写真やお金を借りた後周囲をきょろきょろ見渡しているようなポーズの写真まであった。裁判官を洗脳させるために捜査当局が作ったものであるが、その意図が露骨過ぎる。嫌らしさが見事なまでに滲み出ている。

刑事訴訟法には法廷に提出する証拠に関してルールが定められている。

有罪か無罪かは、その人の一生を左右する。その重大な問題を慎重に判断するため、判断資料となる証拠には確実なものに限ろうという発想に基づく。この理念自体は誠にすばらしいものである。問題は、実務ではこれが実践できていないことである。残念な限りである。

証拠のルールの中には伝聞法則という著名かつ重要なものがある。これは、人の記憶に基づいて作られた書面は原則として証拠にしない、というルールだ。

例えば、被害者の供述調書や目撃者の供述調書などは人が体験、認識したことの記憶に基づいている。人の体験や認識にはよく誤りがある。見間違い、聞き間違い、記憶違い、勘違い、言い間違いなど。人は間違えやすい。不確実な人の認識をベースとする供述調書などは、証拠としての客観性、正確性に欠ける。だから、法は原則として、人を裁くための判断材料としてこういった書面を用いてはいけない、と定めているのである。

しかし、実務では、供述調書が証拠の柱になっている。要するに、裁判官は、警察官や検察官が作成する供述調書は信用できると考えているのである。密室で作成された供述調書と公判廷で述べた供述が異なっている場合、裁判官は前者が真実であると考える場合が圧倒的に多い。これは刑事裁判が調書裁判であると揶揄されている所以である。この考えの根底には、警察官や検察官は信用できるが、嘘をつく犯罪者である被告人は信用できないという先入観が存在しているからであろう。

記録に目を通しているうちに名前が呼ばれ、松井は弁護人接見室に入った。

接見室は幅約一・二メートル、奥行約二メートルで、天井まで二メートルほど。真ん中にアクリル製の遮蔽板がある。天井に電灯がついているが、全体的に暗い。

松井が椅子に座ると、奥のドアから一人の青年が現れた。悟である。

悟は松井を見つけると、丁寧にお辞儀をした。

「忙しいところすみません。今日はよろしくお願いします」

その誠実な対応から松井は好印象を持った。

「初めまして。私は弁護士の松井と申します。どうぞお座りください」

悟はパイプ椅子に座って、真っ直ぐ松井の瞳を見据えた。

悟の眼に濁りはない。懸命に弁護士と向き合って話をしようという態度だ。

「望月弁護士から説明を受けていると思いますが、今後、石原さんの件をお手伝いさせていただくことになりました」

「はい、望月先生から伺っています。よろしくお願いします」

また深々とお辞儀をした。

本当に暑い日だった。

拘置所の部屋にはエアコンは入っていないが、接見室にはエアコンが入っていた。暑い拘置所の生活でバテていた悟にはわずかなエアコンの冷風が心地よかった。逆に、松井は流れ落ちる汗を何度もハンカチで拭っていた。松井の横にはキャスター付きのトランクが置いてあった。半分ほど開かれたトランクの中にはファイルや書類の束がギッシリと詰め込まれている。

ああ、この人は自分の為に暑い中こんなに重いであろう荷物を持って接見に来てくれたんだな……。

松井が拘置所までどのような交通手段で来たのか悟には知る由もなかった。しかし、悟の脳裏には目の前にいる松井が強い日差しの中、トランクを引き汗を何度も拭いながら力強く歩きここまで来た姿が浮かんでいた。

それ故の深々としたお辞儀だったのである。

松井は事件の経緯について悟に質問をした。悟は警察官をはじめとして何度も何度も聞かれたことであったが、嫌そうな顔をせずに淡々と説明した。悟が被害者を豊田先輩と間違えたところを説明するとき、松井は一層耳を傾け、悟の表情を注視した。語り口は淀みなく、眼もしっかり松井を見据えている。人は嘘をつくとき眼が泳ぐ場合が多い。悟の二つの眼は何ら揺らいでなかった。

望月が無実を信じているのはそれ相応の理由がある。

川辺刑事から暴行を受けたところを説明していると、松井は話を遮った。

「以前、望月弁護士宛に書いた手紙の中には、そこまで詳しい説明はありませんでしたよ」

「そうですか。手紙に書いたと思うのですが」

「手紙には、川辺から胸ぐらを掴まれたこと、ズボンを手にとって投げようとしたところ君が頑張って耐えたので地面に投げられることはなかったが、ズボンは破れた、という説明が書かれているだけでした。川辺から暴行を受けた状況は、今後の訴訟で重要な争点になると思います。我々はその状況をより詳細に知る必要があります。先程話していただいたように、映像の一コマ一コマを説明するような形で、手紙に書いてくれませんか。川辺刑事に対する反対尋問に役立つと思います」

「……そうですか……」

「どうかしましたか」

「手紙を書くにしても、今は便箋も封筒も持ってません」

「わかりました。便箋などは差し入れるよう、あなたのお父さんに連絡をしておきます」

そして、証拠書類の同意不同意について確認をした。これは伝聞法則に基づくもので、証拠書類については原則として、被告人若しくは弁護人が同意をしない限り証拠として採用することはできない。悟は弁護人側の意見で進めることに賛同した。それから、来る第一回公判期日の打ち合わせもして、どのように進めるのか確認した。

結局、一時間半程打ち合わせをした後、松井は接見室を出た。

さわやかな青年だ。

弁護士の直感としては無実だ。

しかし、刑事裁判という修羅場で、弁護士や被告人が無実を証明することは至難の業だ。現実問題として、裁判所で正義を実現するのは難しい。その難しさを知っている松井にはどうしても一抹の不安が残った。冤罪にならなければいいが。

松井はキャスター付きのトランクを引きながら小菅駅に向かった。夏の太陽は道行く人に容赦なく照りつけていた。

第三部

公判

第一回公判期日

八月二日午後三時。第五三四号法廷。

東京簡易裁判所と東京地方裁判所は本来別の庁舎であるが、東京簡易裁判所が扱う刑事事件の法廷や刑事部書記官室・裁判官室は東京地方裁判所の中に設置されている。悟の公判期日は東京地裁の五階で行われた。

悟は金属手錠を手首にかけられ腰縄で拘束されていた。両脇には二名の警護がついている。悟はその状態で東京地裁地下にある仮監獄から法廷に向かった。初めての公判期日。勾留理由開示公判のとき以上に緊張してしまう。どういう裁判官がつくのだろうか。検事はどういった人だろうか。自分の将来が決められる。その第一回公判期日が開かれる。警察官や捜査担当の検事は自分の言い分を全く取り合ってくれなかった。僕が嘘をついていると思い込んで不公正な取調をした。しかし、裁判ではきちんと事実を訴えて正義を実現したい。そして、僕を信じてくれている家族や友人達に恩返しをしたい。

法廷に向かう途中、悟は何度も何度もこれまでのことや法廷で述べることを反芻した。

法廷に入るや、まず傍聴席が目に入った。出入口は傍聴席から見て右の奥にあるからだ。

傍聴席は、二〇名弱が腰を掛けられる程度しか置かれていなかった。その中には父、兄の顔がある。面識のない人も数名腰をかけていた。知らない人の目の前でこれから裁判が行われるのか。そう思うととても恥ずかしかった。特に腰縄と金属手錠で繋がれている姿を人に見られるのは非常に嫌だった。

傍聴席の正面には、まず、証言台席、書記官席、そして裁判官席があった。裁判官席は床よりも一段高いところに設置されていた。裁判官が被告人を真正面から見下ろすような形である。裁判官席にはまだ誰も座っていなかった。

その前には書記官席があり、黒い法服を着た書記官が座っていた。書記官は、裁判所の事件に関する記録その他書類の作成及び保管などの事務を行う。事件を記録することの第一次的な意義は、裁判の状況を記録化することによって手続の適正さを担保することである。ただ、書記官は、その職務を行うにあたり裁判官の命令に従うこととされている。

傍聴席から見て右側の席は検察官席だった。四〇代後半の男性が検察官席に座っていた。公判担当の検事である。検察庁は地方を除き捜査担当と公判担当を分けている。彼らは起訴された事件を有罪というゴールに向かって仕事するだけである。

検察官席の向かいに弁護人席があった。望月弁護士と松井弁護士が既に座っていた。そのテーブルの上には記録と模範六法が置かれていた。悟は二人の弁護士に挨拶しようと思ったが、左右を警護官に固められていたので、挨拶することが憚られてような気がしてできなかった。

悟は弁護人席の前に設けられている席に連れられ、そこで金属手錠と腰縄を解かれた。もっと早く解いてくれればいいのにと思った。

裁判官席の奥から黒い法服を着た裁判官が現れた。一瞬、法廷内に緊張が走った。

裁判官の年齢は六五歳くらい。顔はしかめっ面だった。

「起立！」

廷吏が声を張り上げた。

検察官、弁護士をはじめ傍聴席にいる者が立ち上がり、それぞれお辞儀をした。悟も周りの動きに従った。

裁判官は席に座るや傍聴席の方を一瞥した。廷吏が事件番号を読み上げた。

「被告人。前へ」

命令口調だった。悟は嫌な顔をせずに命令に従い、証言台の前で立った。

「被告人、名前は」

「石原悟です」

「生年月日は」

「昭和四五年九月二六日生まれです」

「本籍は」

「東京都○○市○○三丁目五番地です」

「住所は」

「東京都三鷹市○○○○丁目三八番一○号　相馬康司方です」

「職業は」

「無職です」

この一言を口にするのは正直言って辛かった。

起訴されるまではビジネスマンだった。営業マンとして優秀な成績をあげていた時期がある。真剣に仕事に打ち込んでいたし、自分なりに頑張ってきた。会社や同僚たちも好きだった。しかし、会社には起訴されると解雇するという内規があった。上司の勧めもあり、悟は自ら依願退職する決意をしたのだ。苦渋の選択だった。

「それでは検察官、起訴状を朗読しなさい」

検事は席を立ち、手に起訴状を持ちながら朗読した。

「公訴事実。被告人は、平成一二年六月三日午前一時三九分ころ、東京都港区高輪三丁目二六番二七号品川駅西口東西自由通路上において、横臥している被害者平田和良から現金一〇万円を抜き取り、もってこれを窃取したものである。罰条、刑法第二三五条」

裁判官は悟を見据えながら説明を始めた。

「被告人。君には黙秘権が保障されている。この法廷で私や関係者からいろいろ質問を受ける。質問に対して、君は答えてもいいいし、答えなくてもいい。ただ、法廷で君が話したことは有利不利を問わず証拠になるから、そのつもりで」

裁判官は一言でも無駄なことを言うのが嫌なのか、必要最小限のことしか語らなかった。

「先程、検察官が起訴状を読み上げたが、その中で何か間違っているところはあったか」

悟は軽い咳払いをしてから予め用意したメモを読み上げた。このメモは望月や松井との打ち合わせを経て作成したものである。

「起訴状記載の日時場所にその場にいたことは間違いありません。しかし、他人から盗もうと思ってお金を取ったことはありません。

当時はかなり酒を飲んで酔っぱらっていました。酔っぱらいながらも、豊田さんという会社の先輩と一緒に帰ろうと思って行動しただけです。それが見知らぬ他人であると知っていたならば、絶対に持ち物に触れようとはしませんでした。

起訴される前、担当の刑事から、自供すれば起訴猶予になるかもしれないよ、といわれたり、自供すればすぐに出られるのに、自供しなければ長いこと勾留されることになるよ、という趣旨のことを言われました。担当の刑事さんは、初めから私が盗んだという偏見を持って取調をしていましたが、私は嘘をついていません。仮に少しでも出来心があったとかいうのならば、正直にそう言います。

私はOAメーカーの関連会社に勤めていました。仕事には一生懸命取り組んでいました。担当の刑事さんに真実を言い続けた結果、このとおり刑事さんの言うように勾留期間が延びました。会社の上司は、初めなんとか戻ってきてから働けるようフォローしてくれていましたが、起訴された場合は解雇という社内規定により、会社を辞めざるを得なくなりました。そうなることは会社から警告されており、認めてしまえば早く出られるかもと悩んだこともありました。しかし、そのような不利益があるとしても、私は、やっていないことはやっていないと真実を貫き通して裁判所にわかっていただきたいと思います」

声には力がこもっていた。真実の叫びは傍聴席に伝わった。哲夫は改めて無実を確信した。

「弁護人の意見は」

裁判官は弁護人席に顔を向けて質問した。

望月弁護士が立ち上がった。

「被告人と同意見です。

弁護人は、起訴前、ほぼ毎日接見に行き、本人の話や現場の状況を客観的に判断し、その後も検察官提出の証拠などを様々な角度から検討しましたが、やはり無罪であることを確信しています。

なお、六月三日に捕まってから、五日になるまで家族に連絡がなかったのは問題であって、弁護人選任権の侵害です。また、逮捕の現場で、抵抗しない被告人に対し、不法な有形力が行使されましたが、本件では捜査段階の初期から問題が多いものでした」

裁判官は被告人や弁護人の意見をただ黙って聞いていた。

「それでは証拠調べに入ります。検察官」

検察官は立ち上がり、通り一辺倒の冒頭陳述を読み上げ、事実関係を立証するためとして証拠等関係カードを提出した。冒頭陳述とは、これから検察官が立証する命題を裁判官に提示するものである。事案によっては数十頁にわたる場合もあるし、二頁程でまとめられているものもある。犯行に至る経緯や犯行の態様などで構成されており、実務では、冒陳（ぼうちん）と呼ばれている。

証拠等関係カードは証拠書類の標目、立証趣旨等が記載された書面である。証拠書類は甲号証と乙号証に分けられている。甲号証は被告人供述関係以外の証拠で、乙号証は被告人の供述関係である。被告人の供述調書かそれ以外であるかを区別しているのには理由がある。法は被告人の供述のみで有罪判決をしてはならないというルールを定めているからである。そして、証拠調べの進め方についても、法は、甲号証関係を先に調べ、後で乙号証関係を調べることにしている。本件で検察官が提出したのは次のとおりである。

甲第　一号証　現行犯逮捕手続書
甲第　二号証　被害届
甲第　三号証　被害者平田和良の供述調書
甲第　四号証　捜索差押調書
甲第　五号証　押収品目録
甲第　六号証　被害品確認答申書
甲第　七号証　還付請書

甲第　八号証　任意提出書
甲第　九号証　領置調書
甲第一〇号証　任意提出書
甲第一一号証　領置調書
甲第一二号証　写真撮影報告書
甲第一三号証　実況見分調書
乙第　一号証　被告人供述調書（六月三日付）
乙第　二号証　被告人供述調書（六月三日付）
乙第　三号証　被告人供述調書（六月四日付）
乙第　四号証　被告人供述調書（六月二〇日付）
乙第　五号証　被告人供述調書（六月二一日付）
乙第　六号証　被告人供述調書（六月二一日付）
乙第　七号証　被告人の戸籍謄本
乙第　八号証　被告人の戸籍附票

「弁護人、証拠に対する意見は」

証拠書類は伝聞証拠である。先程指摘したとおり、原則として、これを証拠とすることは許されない。但し、被告人が同意した場合には証拠とすることができる。刑事訴訟法三二六条一項はこのことを明記している。検察官が提出した証拠書類に対して、弁護人に同意・不同意の有無を尋ね、同意を得たものに限って、証拠として採用する。

　このような規定に基づき、裁判官は、証拠書類が提出された場合、相手方当事者に同意・不同意の意見を述べるよう尋ねるのである。

　丁寧に裁判をする裁判官の場合、まず甲号証関係の同意・不同意に限って意見を尋ねる。甲号証から先に証拠調べを行うというのが原則だからである。しかし、実務では、最初の段階で甲号証と乙号証を一括して意見を訊く場合が多い。

　望月が証拠に対する意見を述べた。

「甲一及び甲二は全部不同意。

甲三は通帳の写しのみ同意、その余は不同意。

甲四及び甲五は不同意。甲六乃至甲一二は同意。

甲一三は、そのうち現場見取図一及び二に限って同意、その余は不同意。

乙号証は意見を留保します」

　裁判官は弁護人が同意した証拠を採用した。検察官は採用された証拠の要旨を告知し、その証拠書類を裁判所に提出し、裁判官はこれを受け取った。

「検察官。甲号証関係で不同意とされたものについてどうしますか」

「それを撤回し、逮捕警察官川辺和重、被害者平田和良を証人として申請します」

「弁護人、意見は」

「しかるべく」

「それでは、両名を証人として採用し、次回期日に証拠調べを行う。検察官。主尋問の時間は」

「川辺につき三〇分。平田について二〇分で御願いします」

「弁護人は」

「同程度で御願いします」

「次回期日は八月三〇日午後三時」

「お受けいたします」

「それでは、次回期日は八月三〇日午後三時から。被告人、聞いていて判っていると思うが、次回期日は八月三〇日午後三時から行う。本日はこれにて閉廷」

裁判官は席を立ち後方に去って行った。

悟は手錠や腰縄で再び拘束された。内心嫌だなと思いつつも傍聴席にいる家族に目を向け「ありがとう」といい頭を下げた。警護官は悟の気持ちなど何ら察することなく早く法廷から出るよう促した。

第二回保釈請求

八月四日金曜日午後三時。さくら共同法律事務所。

望月は東京簡裁の担当部に電話をしていた。二日の第一回公判期日が終わった後、二回目の保釈請求書を裁判所に提出したが、未だに裁判所から連絡がなかったからだ。

「もしもし、弁護士の望月といいます。石原悟の保釈の件でおうかがいしたいことがありまして」

「はい」

「検察官からの求意見は裁判所の方に届いてますでしょうか」

「まだです」

「………それでは求意見が届いたら当職の事務所に連絡していただけますでしょうか。なるべく早く裁判官面接をお願いしたいのですが」

「そうですね。求意見は来週の早い時期には届くと思うのですが」

「では来週の月曜日か火曜日にでも面接できませんでしょうか」

「それは無理です」

「どうしてでしょうか」

「裁判官が来週中夏休みをとるものですから、早くて再来週の月曜日になります」

悟はこの電話中にも東京拘置所で身柄を拘束され続けている。裁判官にはその痛みなど判らない。

「判りました。再来週月曜日の何時であればよろしいですか」

「そうですね。少しお待ち下さい」

担当書記官は電話を保留して裁判官に都合を訊きに行った。

「お待たせしました。再来週月曜日の一四日午後三時でいかがでしょうか」

「もう少し早くなりませんか」

「これで御願いします」

「わかりました」

保釈面接

八月一四日午後三時。東京簡裁刑事部書記官室。

松井と望月は担当書記官に面接に来た旨を告げた。

書記官室は大きな部屋で、八人程の書記官が机を並べている。

両弁護人は書記官室内にある机に案内された。椅子が二脚あったので、二人は座った。

書記官室の奥にあるドアは裁判官室に通じる廊下とつながっている。そのドアから裁判官が現れた。法廷で見たときよりも小柄な感じがした。

「どうも」

裁判官は机を挟んだ椅子に座った。

「ご多忙のところ申し訳ありません。私は弁護士の松井で、隣に座っているのが弁護士の望月です」

「うむ」

裁判官は両腕と両足を組んだ。

松井は、何だか偉そうな人だなと思いつつ、お腹に力を込めながら、面接の趣旨について説明した。

「今日は是非、保釈の判断を賜りたいと思って参った次第です。

保釈の理由については保釈請求書で詳論しました。

ここでは理由を補足したいと思います。

まずは、罪証隠滅のおそれがないことです。

本件では、特に隠滅する対象となる証拠はありません。問題は、証人に対する働きかけがあるかどうかです。証人予定者は逮捕警察官や被害者ですが、逮捕警察官は警察官である以上、被告人が働きかけをするなどということはありえませんし、被害者といっても、被告人の行動を見ていたわけではありませんし、全く見知らぬ人ですから、会いに行くこともできません。また、第一回公判期日で指摘しましたように、本件の争点は、被告人に窃盗の故意があるか否かですから、被害者の供述の有無は争点にそう影響しません。もちろん、我々弁護人がついている以上、被告人に働きかけなどさせませんし、働きかけをすれば不利になることぐらい被告人は十分にわかっています。

証人に近づかないということは保釈の条件にしていただいて結構です。保釈を許可していただいたとき、保証金は父親から借りる予定です。保釈の条件に反すれば、保証金が没収されることは被告人に説明しています。没収されるようなことは一切させませんし、被告人がそんな馬鹿なことをするはずがありません」

松井は、言葉の一つ一つを裁判官の脳裏に焼き付けるよう、ゆっくりと丁寧に話しかけた。

保釈をとることは被告人の権利である。

しかし、実務では、保釈の権利性は乏しい。

特に、被告人が犯罪事実を否認している否認事件の場合、検察官立証が終了しないと、保釈を認めないのが実務である。例えば、検察官立証が終了するまで一年かかったとしても、それまでは身柄を拘束し続けるのである。

もちろん、被告人にも生活があるので、身柄拘束が続けば経済的に苦しくなる。裁判で真剣に闘いたくても、身柄を拘束されると、経済的にも精神的にも追い詰められる。それで、闘うことすら難しい。保釈に関する間違った実務は、被告人や家族を一層困らせ、事実上闘えない状況に追い込んでいるのである。これも検察官側にとって極めて有利に機能している。

松井は、実務の慣行や担当裁判官が保釈に対して厳しい見解を持っていることを認識していたが、不正義な慣行に挑む覚悟で、裁判官を説得することに精力を注いだ。

松井の説明が終わった後、裁判官は両腕を組んだ姿勢のまま口を開いた。

「弁護人。弁護側の立証計画はどうなっている。それを教えてくれないか」

奇妙な質問だった。第一回公判期日が終了したばかりで検察官立証すら終わっていない。もちろん弁護側の立証について青写真はあるが、まだ詳細は詰め切っていない。

「あいにくですが、検察側の立証を見たうえで、弁護側立証を固めるつもりです。ですから、立証計画について、いま、お教えできるものではありません」

「ああ、そうですか」

裁判官は面会をもう打ち切ろうとしている様子だった。

「ちょっと待ってください。弁護側の立証計画を明らかにしない限り、罪証隠滅のおそれがあると判断するというのですか」

裁判官は松井のストレートな話し方に不満を持った。

「どう判断するかは記録を読んだ上で私が決めることだ。判断するために弁護側の立証計画を参考にすると言ったまでだ。私は弁護人と議論するために会っているわけではない」

「私も裁判官と議論するために来たわけではありません」

丁々発止に受け答えする態度に裁判官はさらに立腹した。

「もういい。そもそも、ここは簡易裁判所なんだ。簡易裁判所は簡単な事件だけやればいいと思っている。本件は否認事件で、簡単な事件ではない。だから、地裁に移送したって構わないんだ」

裁判官の投げ遣りな態度に二人の弁護士は呆気にとられた。

「もう面会は終わりだ」

裁判官は一言言い放って、席を立つや、奥のドアに消えていった。

「ちょっと待ってください。まだ、話は途中じゃないですか」

二人の弁護士も席を立って裁判官に声を掛けた。

しかし、裁判官はドアの奥から再び現れようとはしなかった。

松井は、納得がいかなかったので、担当書記官に質問した。

「どういうことですか。話を途中で終わらせるし、余りにも一方的です。いつもこういうやり方をしているんですか」

「すみません。何せ今年の四月から赴任したばかりでして………」

担当書記官を通じて面会を再開してもらうよう頼んだが、裁判官は、面会終了の一点張りで、裁判官室から出てこようとすらしなかった。

保釈実務

翌日、望月と松井は、事務所内の会議室で、哲夫に説明した。裁判実務では否認事件の場合、検察官立証が終わるまで裁判官が保釈を認めない傾向が強いこと、担当裁判官が簡裁では簡易な事件のみを扱うべきで本件は地裁に移送するのが適当であると言っていることなどを説明した。哲夫は内心信じられない思いだった。

望月も松井も、担当裁判官の失礼で投げ遣りな対応から地裁の裁判官に委ねた方がいいのではないかとの意見を述べた。哲夫は、地裁への移送を了解した。それにしても、保釈を認めないというのは解せない。一人の父親として、そして一人の国民として、再び強い憤りが込み上げてきた。

移送の方向で検討していることを担当書記官に連絡する前に、保釈却下と移送決定の命令がなされた。八月三〇日に決定されていた公判期日は取り消された。裁判所というのは後ろ向きの判断を下すことにかけては結構早い。

望月が後で調べたところ、担当裁判官は、今年の三月まで東京高等裁判所の部総括判事で、四月から簡裁の裁判官に就任したとのことであった。東京高裁の部総括判事といえば、裁判所の組織の中では、エリート中のエリート。地裁のトップである所長を経験した者が就く役職である。裁判官は六五歳で定年となるが、簡裁判事は七〇歳までできる。

彼は、今年東京高裁部総括判事の地位で定年退官して、四月から東京簡裁刑事部で判事をしているのだ。そのような経歴の持ち主が威張り屋で人の話を全く聞かないうえ、公正さに欠けるのである。裁判所のエリートというのは所詮キャリアの司法官僚にすぎない。これが実情であるが、世間の圧倒的多数の人々はこの現実を知らない。

想定問答

八月二四日午後六時三〇分。さくら共同法律事務所会議室。

議題は、来る川辺証人への反対尋問についての打ち合わせだった。

哲夫と敦は会議室に通され、両名の弁護士が来るのを待っていた。

出されたお茶に一口つけたときに望月が部屋に入ってきた。

「お待たせしました。今日もよろしくお願いします」

望月は相変わらず爽やかだった。持ってきた記録をテーブルの上に置き、真っすぐ哲夫や敦に顔を向けて説明をした。

「移送についてですが、ようやく先週末に簡裁が記録を整理し、地裁の方に記録が移りました。今後、地裁の事件係が本件を担当する部を決めます。東京地裁の刑事部には二一部ほどあります。その中から担当部が決まります」

「大した量の記録でもないのに、移送には時間がかかっていますね」

敦は素朴な疑問を口にした。哲夫も同じ考えを抱いていた。

「ええ。我々も早く移送の処理をするよう電話で申し入れたのですが……。裁判所という組織はお役所ですから、どうも仕事が遅いのです。申し訳ありません」

「いやいや。望月先生が謝る問題ではありません。何せ、こういったことは何から何まで初めてのことですから。それにしても、裁判所のやることといったら……」

哲夫はため息をついた。

そこで、松井が部屋の中に入ってきた。手に資料らしきものを持って。

「どうもすみません。大変お待たせいたしました」

松井は、望月の隣に座るや、資料を配りだした。

資料は、川辺証人や被害者証人に対する反対尋問事項の案であった。来る尋問で川辺にぶつける質問事項がA四判の紙二頁にびっしり書いてある。

まず、冒頭に反対尋問の目的として主尋問の減殺とある。それに続いて四〇問程の質問。質問は論点毎に整理されており、ポイントが絞られている。哲夫は自分なりに尋問事項を作っていたが、これと比べると自分のは不十分なものに思える。

質問事項の中に川辺が悟に近づいた後、悟の左脇腹を殴ったことを訊く質問があった。

松井はこの質問について説明した。

「ここの、川辺が悟君を殴った点について、川辺は主尋問で殴ったなどと一言も話さないでしょうし、反対尋問で尋ねてもNOというでしょうね」

「しかし、川辺は警察官だし、証人は事実に反することを言うことは禁止されているのでしょう。いくら川辺でもそんなことはしないと思いますが」

哲夫はまさかという気持ちで疑問を呈した。

「いいえ。私の経験上、警察官は平気で偽証します。この点の質問に対しても、十中八九、NOと答えるでしょう」

「そうであれば、このような質問をする必要があるのでしょうか」

敦が質問した。

「NOと言うでしょうから、こちらに有利な回答を得ることはできません。しかし、裁判官は、証人の回答だけではなく、弁護人の質問も聞いています。我々は、裁判官に無実のストーリーを理解させる必要があります。反対尋問の中でもストーリーを組み立てて、これを質問という形で裁判官に伝えることも戦略的に意味があります。こちらのストーリーを真正面からぶつけてみて、証人の反応を確認するために、このような質問を考えてみました」

その後、四人は質問事項を逐一検討し、それぞれの質問を川辺にぶつけた場合のリアクションを想定しながら、その是非を検討しあった。質問の結果、裁判官にプラスの心証を抱かせる質問は残し、マイナスや無駄なものは排除した。さらに、悟が被害者のいる目の前で紙幣を数えたこと、封筒を鞄に戻したことについて、川辺がどう思ったのか、という点を質問として追加することを話し合い、満場一致で追加質問とすることを決定した。

検討は午後九時近くまでかかった。そして、さらに質問事項の案を練り直した上で、再度、反対尋問のシミュレーションを行う次の会議の日時を設定して解散することにした。

裁判所書記官室

八月二八日。東京地裁刑事第九部書記官室。

裁判所から、事件の記録が簡裁から地裁に移り、担当部が地裁刑事第九部に決まったという連絡が入った。しかし、その担当部によれば、次回期日は一〇月以降になるとのことであった。松井は、電話では埒があかないと思い、直接担当部に赴いた。さくら共同法律事務所から裁判所まで二〇分ほどかかる。

書記官室では、茶髪の若い男性事務官が若い女性事務官と世間話を交わしていた。

松井は、自分の名前を名乗ってから、被告人石原の件で来た旨を伝えた。

「簡裁では八月三〇日に公判期日が決まっていましたので、遅くとも九月中旬に次回期日を入れていただきたいと思います」

若い女性の事務官が対応した。手には事件簿のようなものを持ってる。

「これが担当裁判官の事件簿なのですが、スケジュールが一杯でして」

松井は半信半疑で事件簿を覗いてみた。確かに、九月のスケジュールは一杯詰まっていて、証拠調べ期日を入れる余裕はない。

「三時間程の証拠調べ期日が入る直近の日というのは、いつになるのですか」

「少しお待ちください」

女性事務官は事件簿を繰りながら目星をつけた。

「一〇月二日、三日であれば、空いていますが……」

「一〇月ですか」

「もう少し早く公判期日を入れることはできませんか」

「あいにく九月は塞がっておりまして」

松井は、とりあえず一〇月二日、三日を空けておいて欲しい旨を述べて、引き上げた。事務所に戻った後、望月や哲夫らと打ち合わせをした結果、一〇月二日でやむなしということになった。そして、松井は担当部に電話をした。

「もしもし、弁護人の松井ですが、いつもお世話になっております。被告人石原の期日の件ですが、一〇月二日でお願いします。それから、できれば一〇月三日も引き続き公判を開いていただきたいのですが」

「二日は空いていますが、あいにく三日は塞がってしまいました。二日に開くということでよろしいでしょうか」

松井は内心舌打ちをした。

「わかりました。二日でお願いします」

「それでは、期日請書の提出をお願いします」

第三回保釈請求

九月四日。石原哲夫の自宅。

望月弁護士から電話を受けた。先週、保釈の請求をしてもらいたいとお願いをした件だった。望月と松井は先週のうちに東京地裁刑事九部に保釈請求書を提出した。検察官の求意見が本日裁判所に届いたようで、保釈面接を明日五日午前九時四五分に行うことが決まった。望月はその経過や結果を報告するとともに保釈面接に同席するかどうかを訊ねた。

哲夫は必ず同席することを望月に伝えた。

保釈面接

九月五日午前九時四五分。東京地裁刑事九部小会議室。

哲夫、望月、松井は書記官室の隣にある小会議室に通された。

六畳程の広さで、真ん中に机が置いてあり、六脚の椅子がある。部屋の片隅には冷蔵庫が置かれ、その辺りに一升瓶の日本酒が二本あった。裁判所では、夜六時を過ぎると、庁舎の中で飲み会をすることがよくある。一升瓶は飲み会用に置いてあったのだ。哲夫は、そのようなことは知らないので、裁判所の会議室に堂々と一升瓶が置いてあることに強い違和感を抱いた。

「おはようございます」

挨拶とともに男性裁判官と女性書記官が現れた。

男性裁判官は四〇代前半。髪に白髪が少し混じっているが、顔は童顔。黒ぶちの大きい眼鏡をかけていた。女性書記官は二〇代後半で真面目そうな顔をしていた。

松井弁護士が口火を切った。検察側証人に対して働きかけをすることなどないので、罪証を隠滅するおそれはないという趣旨であった。引き続き、哲夫が裁判官に訴えた。少し緊張していたので淀みなく話すことはできなかったが、悟の祖母にあたる哲夫の母は八八歳で、いま危篤状態になっていること、このまま持ち直さなければ悟は祖母に二度と会えなくなること、悟は逮捕されるまで妻の両親と一緒に住んでいたこと、妻の両親は九〇歳と九三歳で二人とも痴呆がひどく、夜中にベッドから下りるときに転んで大腿骨を折るなどの大ケガをしたり、徘徊があるので、妻の実家に寝泊りしていたことを説明した。

「父母は急にいなくなった悟がいつ帰ってくるのか、と毎日のように質問します。私は答えに窮しています」

哲夫は、悟が不在であることの悲しみを訴えることで締めくくった。

望月は被告人は検察官と同じ当事者であるのに、これほど長期間にわたって勾留されるのは防御権に支障があるばかりか不公平であることを訴えた。

三人の話を聞いていた裁判官が口を開いた。

「弁護側の立証を教えてください」

箇裁の判事と同じような質問を繰り出した。その瞬間、哲夫はまた駄目かと思った。

松井と望月は、検察官立証も初期の段階で、弁護側立証を明らかにできるものではないと回答した。さらに、先輩を証人として申請するか否かは、その必要性について検討中であることを付け加えた。

シミュレーション

九月八日。さくら共同法律事務所会議室。

前回と同様、検察側証人に対する反対尋問のシミュレーションを行った。

松井、望月、哲夫及び敦は質問に対する回答を予測し、それが裁判官に与える影響等を検討しながら、丁々発止の議論を繰り広げた。これにより、当初の尋問事項案よりも更に精度が上がった。

反対尋問のシミュレーションをした後、弁護側の立証計画について議論した。裁判官面接での様子から、保釈の許可を得るためにも弁護側立証を確定しなければならない。

議論の焦点は、弁護側証人として豊田先輩を呼ぶかどうかであった。

豊田先輩から得られる証言としては、悟の酩酊状態くらいだ。

この間、松井と望月は、一度、豊田と会ったことがある。そのときはクールな人という印象で、弁護人と打ち合わせをすること自体消極的であった。打ち合わせのとき、自分の時間が犠牲になっているという顔をしていた。

二人の弁護士は、豊田の証言は中立的だから、証人として申請することに消極的であった。豊田の顔と平田の顔は全然違うのだ。豊田が証人台の席に座ると、裁判官に平田と顔が全く違うことを印象付けるのではないかと危惧した。

哲夫や敦も、豊田証人を申請するメリットやデメリットを理解し、どちらにするのがいいか決めかねた。

結局、この日には豊田証人を申請するか否かを決定することはできなかった。どちらにするかは、悟本人の意向を尊重することにした。

反対尋問のシミュレーションは九月二一日、二八日にも行い、尋問事項をさらに練ることにした。

保釈却下

九月一一日、三度目の保釈請求が却下された。

裁判官は、被告人が豊田先輩に働きかけて偽証行為をするおそれがあると判断したのだ。

しかし、このような判断をするのは国民である被告人をなめているというほかない。困ったことに、裁判官の頭には否認している被告人は嘘つきだから絶対偽証工作をするなどという考えがこびりついているのだ。この根強い偏見が保釈を認めない実務を生み、これが裁判実務の慣行になっている。被告人にも原則として自由があることや、幸福追求権があることを裁判官は失念しているのだ。保釈消極主義とでもいうべき実務の慣行が改まる日は来るのだろうか。

望月は、九月一九日、保釈請求却下に対して不服があるとの趣旨で、東京高等裁判所に抗告申立書を提出した。地裁の判断を覆し、保釈を許すべきであるとの申立である。

これに対し、東京高裁は、九月二一日、早々に抗告を棄却するとの判断を下した。

悟が否認している経緯を踏まえると、現時点で悟を保釈すると、悟が被害者や先輩に働きかけるなどして罪証を隠滅すると疑うに足りる相当な理由があるという内容であった。

東京地裁ばかりではなく、東京高裁も被告人に対して根強い偏見を持っているのである。

女性面会

九月二六日。東京拘置所。

勤めていた会社の後輩である津田美由紀が面会に来た。

高輪署に勾留されている時から津田はよく面会に来ていた。津田は悟と同期入社の河田と結婚したが上手くいかなかった。

悟は津田の気持ちに気付いてはいた。しかし、同僚の元カミさんなので、津田を女性として見ることは出来なかった。女の子からは鈍いとよく言われる悟だったが、さすがに高輪警察署、東京拘置所と続けて面会に来てもらえば、津田の気持に気付かないわけにもいかない。

面会がある時には、拘置所刑務官が鉄格子に顔を近づけて「石原ァーせっけーん」と言い、部屋の中央にある鉄の扉の鍵をガチャガチャと開けて出してくれた。その時必ず「〇〇って男性知ってるな」「〇〇って女性知ってるな」などと言われるので、接見者が誰であるか同じ部屋の人間にはわかってしまう。

悟の面会相手が津田美由紀という女性だということも同じ房の人間には知れ渡ってしまった。名前が知れ渡ると他にも不都合があった。

拘置所宛で自分に届けられた手紙も渡されるときには、鉄格子の窓から「〇〇って人から手紙だけど知ってるか？」などと聞かれるのである。

拘置所の中でヒマをもてあましている人間にとっては、女の話ほど聞きたいことはないみたいだった。

「サートールーちゃんっ！」「津田さんって悟ちゃんの内妻なの」そういってヤクザの中路と鈴木が近寄ってきた。

「いえ、そんなんじゃありません。ただの元同僚です。親切な子なんで一回来てくれただけです」

「え～？好きでもないのにこんなトコに接見しにくるかぁ～」

言われてみればその通りかも知れなかった。しかし、津田美由紀のことをアレコレと話す気にもなれない。

「何年も一緒に仕事してましたから」

そう言ってこの話を終わりにした。

中路も鈴木も信じてはいないようだったが、悟が何も話したくない様子は伝わったようで、これ以上何かを聞かれることはなかった。

翌二七日の午後。

「石原ァー津田美由紀って人から手紙来てるけど知ってるかぁー」

刑務官に言われた途端に、悟はイヤなことになったなあと思った。

予想は見事に的中した。

中路と鈴木がニヤニヤしながら近づいてきた。

「悟ちゃん。一緒に手紙読もうよ」

何で自分宛の手紙を一緒に読まなくてはならないんだ！と心の中で思っていたが、拘置所の中では割と当たり前のように手紙を見せ合ったり、大きな声で読み上げたりしているヤツが多い。中路と鈴木も読み上げるタイプの男達だった。

案の定「いっつも俺とか中路さんは皆に聞こえるように手紙読んでるじゃん。悟ちゃんもそうしろよ」と言ってきた。

何とも不条理な話であった。

悟は別に中路や鈴木に対して、手紙を見せてくれと頼んだ覚えは一度もない。それどころか、二人の手紙の中の「早く逢いたい」とか「早く抱かれたい」などという言葉を聞くと気持ちが悪くなる思いがした。そんな時は、手紙の内容を聞かないようにと狭い部屋の中でずいぶん努力をしたものだった。

最初のうちは「見せてよ～」くらいの話し方だったのだが、二、三分もすると「何だよテメエ見せろよケチ」などという乱暴な言葉に代わっていった。

正直言って、二人のヤクザ者が怖かったが、手紙を見せるようなことはしたくなかった。万が一のことがあっても、ここは拘置所の中だからたいしたことはないという気持ちもあった。

しかし、何より見せられないと思ったのは手紙の内容だった。手紙の中には悟が出てくるまで待っていることや、悟が出てきたら二人で美味しいモノを食べに行こうなどと書かれてあった。そして、もう一枚の便箋には何か歌詞のようなモノが書かれていた。よくよく読んでみると、マラソンの高橋尚子がシドニーオリンピックのレース前に聞いていたというｈｉｔｏｍｉの歌の歌詞だった。

元気づけようと書いてくれた気持は本当に嬉しかった。しかし、悟の気持ちは一層落ち込んだ。

これじゃあ自分は犯罪者で、津田は何時出所するかもわからない男を待つ女みたいだなと思った。ふと頭の中で高倉健の顔を思い出した。

首をブルンブルンと振って高倉健を消した。

「違う。俺は違う」

悟は小さくつぶやいていた。

顔を上げると鈴木と目があった。悟の持つ手紙を見てニヤニヤとしている。まだ読みたいのか。悟はウンザリしていたが、すぐ近くで中路もニヤニヤとしながら悟を見ていた。次の瞬間、佐山が口を開いた「まったく、いいヤクザモンが二人して堅気の男の子の惚れた腫れたを読みたがってちゃ笑われますよ。そろそろいいじゃありませんか。ねえ、お二人さん」

佐山はヤクザではなかったが、堅気でもないと自分で言うとおり悟の目から見てもヤクザだか堅気だかわからない男だった。が、時として悟や他の堅気の人間をかばってくれた。ヤクザ達も佐山には一目置いている様子で、たいていのことは佐山が口を開けば問題解決するのが一七房の流れだった。心の中で佐山には感謝していた。佐山という男がいることがずいぶん救いになっていた。

まだまだ悟の接見中に手紙を読まれたりする心配はあるが、とりあえずこの日は安心することができた。

悟には他に考えたいことや書き留めておきたいことがたくさんあったが、この房の中ではかなわぬ話だった。くだらない話で時間が過ぎ、くだらない話で日にちが経つ。こんな生活に浸っていると絶望感だけが頭の中を支配するようになる。この怠惰さは本当に恐ろしいことだ。

警察官証人

一〇月二日。東京地裁四〇四号法廷。

第二回公判期日。

弁護人席には望月と松井が座り、検察官席には男性検事が一人座っていた。少しやぶにらみ顔で眼鏡をかけている。年齢は二十代後半。

傍聴席には哲夫と敦が座っていた。他に見知らぬ男性が一人いた。

裁判官席の前にある書記官席には女性書記官が座っていて、これから開かれる裁判の準備をしていた。

傍聴席から見て法廷の右奥にあるドアから悟が警護官に連れられて法廷の中央に歩いてきた。

弁護人席の前にある被告人席のところで悟は手錠を外された。

法廷にある時計の針は一〇時をさしていた。

法廷の奥にあるドアから裁判官が現れた。なんとなく眠たそうな顔をしている。

裁判官が席に座る前に、法廷にいる者は全員立ち上がり、法廷中央に向けて一礼した。

「被告人、前に出なさい」

悟は裁判官の命令に従い、法廷中央にある証言台席の前に行った。

「本件は、簡裁から地裁に移送されましたので、裁判官が変わりました。公判手続を更新するということでよろしいでしょうか」

裁判官は弁護人席検察官席それぞれに視線を送った。

本来、裁判官が変わった以上、従前の手続によって提出された資料を朗読しなければならないこととされている。法は、事実の存否をめぐって繰り広げられた攻防を、新たな裁判官に読んで聞かせることを求めている。これが弁論の更新手続である。

しかし、実務では、この更新手続を丁寧に行うと時間がかかるので省略されていることが多い。例えば次のような言葉のやりとりで済ましている。

裁判官が「裁判官が交替しましたので、手続を更新したいと思いますが、検察官、弁護人、従前のとおりでよろしいですね」という。これに対して、検察官と弁護人が頷く。そして、何事もなかったかのように淡々と進んでいく。裁判官の交代が頻繁にあるため、更新手続が形骸化してしまったのだ。

望月は、席を立ち上がり、更新にあたってせめて被告人の意見を再度陳述させて欲しいと述べた。裁判官はこの申し出を認めて、悟に意見を述べるよう促した。

悟は簡裁判事に向けて説明した内容を繰り返し、次の言葉で締めくくった。

「私はやっていないことはやっていない、真実を貫き通します。私には、接見等を含め、応援してくれる人間が多数おります。今は一日でも早く社会に出たいと思うとともに、私のことを心配してくれる家族、応援してくれる友人知人を少しでも早く安心させたいと願っています。この裁判で、不利益があっても間違ったことは言わない、真実を貫き通すということを分かっていただきたいと思います」

「弁護人のほうは何か意見がありますか」

望月が立ち上がった。

「従前どおりです。ただし、保釈請求においての検事の意見で、弁護人が捜査妨害をしてきたという指摘がありますが、弁護人としての正当な権利行使内でのことで、捜査妨害にはあたりません。そのことを付け加えます」

　これまで保釈請求は三度却下されている。その保釈請求の度に、検察側は弁護人があたかも捜査妨害を行ったかのようなことを指摘し、保釈させるべきではないなどと意見を述べていた。この虚偽意見には辟易していたところであった。それで、法廷の中で単刀直入に意見を言った。

「さて、それでは証人尋問に移りましょうか」

「裁判長、お待ちください。弁護側から提出したい証拠物がございます」

　松井が席から立ち上がって発言した。

「事件当日、被告人が着用していたシャツ、シャツからとれたボタン、ズボンです」

　その際、望月は、弁号証に関する証拠等関係カードを書記官に提出した。そこには証拠の立証趣旨などが明記されている。

「検察官、ご意見は」

「しかるべく」

　証拠物の提出に対しては、同意・不同意の意見を述べるのではない。異議があるかどうかである。異議がないという意味で、「しかるべく」と答える場合が多い。

「それでは採用します。弁護人、被告人にブツを示してください」

　証拠物の取調べにあたっては、その物と立証趣旨との関連性を明らかにするため、提示したうえで関連性を確認する。

　松井は、シャツ等を持って証言台席に近づいた。まず、シャツを証言台のところに載せた。

「これは事件当日、あなたが着用していたワイシャツですね」

「はい」

「胸の第三ボタンのところがとれていますね」

「はい」

次に、ボタン一個入っているビニール袋を悟に示した。

「これは、先程示したシャツのボタンですね」

「はい、そのとおり間違いありません」

ズボンを証言台席に置いた。

「このズボンは、事件当時、あなたが着用していたものですね」

「はい」

「このズボンの右後ろポケットが破けていますね」

「はい」

松井は、証拠物三点を書記官に渡した。

悟は被告人席に座った。被告人席は弁護人席の前で、証言台席から二メートル程離れている。

「それでは、証人尋問に入りますか。検察官、証人を呼んでください」

「本日、川辺証人と平田証人の尋問予定でしたが、平田証人は連絡したのですが、今日法廷には来てません。川辺証人はいますが」

検事は悪びれずにぼそっと言った。

証人を法廷に出頭させるように努めるのが検察官の役目である。検察官が申請した証人が出頭していないのであるから、少しは恥じてもいいはずだ。しかし、この検事は全く悪びれていない。いい度胸である。

裁判官は少し困った顔をしたが、とりあえず川辺証人に対する尋問をすることを決めた。

川辺はスーツ姿で法廷に現れた。小脇にはブランド物のセカンドバックを挟んでいた。

裁判官は手に証人カードを持ちながら川辺に質問した。

「お名前は」

「川辺和重です」

「年齢は」

「三七歳です」

「職業は」

「警察官です」

「住居は」

「東京都〇〇市〇二丁目三五番地です」

「手に持っている宣誓書を声を出して読み上げてください」

「宣誓。良心に従って、真実を述べ、何事も隠さず、偽りを述べないことを誓います。証人川辺和重」

警察官らしい大きな声で宣誓書を読み上げてから、着席した。

悟が一歩踏み出せば触れることができる距離である。

川辺が入ってきてから着席するまで悟はじっと川辺を見続けていた。

コイツさえ間違えなければ……できればもっと早くにこの男と……。

川辺の顔を見た瞬間から怒りが止めどもなくあふれてくる。膝の上に置いた二つの拳は強く握られていた。

しかし、もしかしたら川辺が誤認逮捕であったと証言してくれるかもしれない。心の中ではそんな淡い期待も抱いていた。

「ご存和でしょうが、嘘・偽りを述べると、偽証罪で罪に問われることがありますので、そのようなことはないようにしてください。質問に対しては、端的に答えだけを言ってください。理由については後から質問者が訊きます。それでは、検察官、始めて下さい」

証人尋問にあたっては、事前に裁判官が必ず偽証罪の制裁があることを告知する。

しかし、偽証罪で立件されることなど万が一にも存在しない。偽証罪を立件することなどないことは警察官が一番よく知り抜いている。残念ながら制裁の告知には心理的強制力がない。少なくとも警察官に対しては全くない。

検事は手にメモを持ちながら尋問をはじめた。

川辺警察官の経歴、当時の職務内容、当日の勤務状況を質問した。川辺は弁舌爽やかに回答した。

「それでは、あなたの右側に座っている被告人を見てください。この被告人を、警戒中にご覧になったことはありましたか」

「はい」

法廷に入ってから初めて悟を見て答えた。それまで川辺は悟の方を一瞥すらしていなかった。

「被告人を初めに見かけたのは、何時ごろのことだったか覚えていますか」

「一時三七分ごろだったと思います」

「甲一二号証添付の現場見取図二から、書き込み部分を消したものを示します。

あなたがこのとき警戒しておられた連絡通路というのは、この図面に西口東西自由通路というふうに書かれているところで間違いありませんか」

「はい、そうです」

「あなたが被告人を最初に見かけたときの、あなたの位置をこの赤ボールペンで私一と書いてください」

検事は予め用意した図面と赤ボールペンを証人に渡した。現場の位置関係が判るように図面を利用しているのだ。

松井は証言台に近づいた。図にどのように書き込まれるのかを確認するためだ。川辺は検事の指示通り記入した。そして記入した図面を裁判官に確認させた。

「そのときの被告人の位置を被一というふうに書いてください」

指示通り記入した。裁判官への確認後、尋問を続けた。

「このときのあなたの位置から被告人の行動、挙動というのはよく見えましたか」

「はい」

「あなたが最初に被告人をご覧になったとき、被告人の付近に人はいましたか」

「はい、おりました」

「どのような人がいましたか」

「仰向けに大の字になって寝ている人がいました」

「体格、年齢、性別、服装を覚えていますか」

「はい、三〇歳前後の男性で、青いシャツを着て茶色のズボン、体格はやや太めで、黒色のショルダーバッグを胸の上に置いていました」

「その男の人がいた位置を、この図面に赤のボールペンで男と漢字で書いてください」

記入した。

「このとき、この男の人は大の字になって寝ていたんですね」

「はい」

「そうすると寝ている姿勢というのは、仰向けとかうつ伏せとか横になっているとかあると思うんですけど、どのような体勢でしたか」

「仰向けです」

川辺は露骨に顔をしかめた。検事が同じ質問を繰り返したからだ。やぶにらみ顔の検事は気にすることなく質問を続けた。

「そのときにこの男の人の頭というのは、どちら側を向いていましたか」

「壁側に向いておりました」

「この図でいうとどうですか」

図では下が壁側である。

「下の方です」

「その男がいま黒色のショルダーバッグを持っていたとおっしゃいましたね」

「はい」

「甲一一号証写真撮影報告書添付の写真一を示します。

この写真に写っているこのバッグ、これを持っていたんですか」

「はい、そうです」

「その寝ている男は、どのようにしてそのバッグを持っていたのですか」

「右肩からたすき掛けにしておりました」

「右肩からですか」

「……私の記憶ではそうですが、はっきりしたことは覚えていませんが、たすき掛けにしておりました」

「そのバッグの本体ですね、これはどこにありましたか」

「胸のあたりにありました」

「胸のあたりというのは、胸の上ということですか」

「はい」

「あなたが最初に被告人をご覧になったとき、被告人は寝ている男の人から見て、どのような位置にいましたか」

「男の人の左側に座っていました」

「左側のすぐ脇ですか、それとも離れていましたか」

「すぐ脇です」

「どちらの方を向いて座っていましたか」

「男の方を見て座っていました」

「あなたが最初にご覧になったとき、被告人は何をしていましたか」

「男のズボンのポケットを上から触っていました」

何でそんないい加減なことを言うんだよ。悟は川辺の証言にいらいらした。

そんな悟の気持ちを知らない検事は次々に質問を続けた。

「その後はどのようなことをしていましたか」

「両方のズボンを触ったり、胸のポケットを触ったりしていました」

「その様子は、あなたのところからはっきり見えましたか」

「はい」

そんなことしてないだろっ。悟は大声で怒鳴りたかったが、ぐっと自制した。神聖な法廷で声を張り上げることはできない。

検事の質問は続く。

「あなたはそれを見てどうしましたか」

「窃盗するのではないかと思って注視しました」

「注視を開始したということですね」

「はい」

「その後被告人は何をしましたか」

「男がたすき掛けにしているバッグを両手で外して、自分の前に持ってきました」

「外すというのは、たすき掛けにしていたひもというか肩掛けの部分、これを外したということですね」

「はい」

「これはどうやって外したのですか」

「両手で頭の方から外しました」

川辺は両手で鞄を外すような仕草をしながら回答した。

「被告人はそのバッグを取って、寝ている男の体から外して、その後はそのバッグをどうしましたか」

「自分の足の前に置きました」

「足のちょっと離れたところですか、それともすぐ前ですか」

「すぐ前です」

「足の前に置いてからどうしましたか」

「チャックを開いて、中を物色しはじめました」

物色という言葉に腹が立った。「物色なんてしてねえよ」「この野郎」という言葉が悟の喉元まで出かかっていた。

「物色した後に、被告人がバッグから何かを取り出したということはあったのでしょうか」

「はい」

「何を取り出しましたか」

「白い封筒です」

「これは物色を始めてどれくらいで取り出したのですか」

「一、二分の間だったと思います」

「それは正確には計っておられなかったのですか」

「はい」

「あなたの目から見て、しばらく時間が経った様子でしたか、それとも比較的短時間という感じでしたか」

「比較的短時間です」

「それから被告人は、白い封筒を取り出してからどうしましたか」

「中を確認し、中の紙幣を取り出しました」
「封筒の中からということですね」
「はい」
「被告人はそのお札をどうしましたか」
「手に持って数えていました」
「このお札を数えているときに、被告人はどちらを向いていましたか」
「ちょうど私と対面するような感じに向いていました」
「あなたは柱の影から見ているような形でしたよね」
「はい」
「柱の方を向いていたことになるわけですか」
「はい、まっすぐに柱の方に向いていたわけではないんですが、ちょうど先程書いた図の上の方を向いていたということです」
「そうすると、被告人がお札を数えている様子というのは、あなたからははっきり見えたわけですか」
「はい」
「被告人は、そのお札を数えてからどうしましたか」
「自分のシャツの左ポケットに、二つに折って入れました」
「被告人は、そのお札を収めてからどうしましたか」
「立ち上がって階段方向に歩き出しました」
「階段というのは、どちらの階段になりますか」

「高輪口方向です」

「先程書いていただいた図面の左ですね」

「はい」

「そうすると、柱の影にいるあなたの方に近づいてくるような感じになったわけですか」

「はい」

「被告人は立ち上がるときに、バッグはどうしましたか」

「男の左脇に置いていました」

「あなたの目から見て、被告人が立ち上がったり、あるいは歩いて階段の方に来たりしたときに、何か酔っ払っているような様子はありましたか」

「足元はしっかりしていましたので、外見上は酔っている様子はありませんでした」

よくもまあここまでぬけぬけと言うよな。あくまでも僕を有罪にしたいのか。警察官がここまで事実を歪曲していいのか。高輪署の取調べで何度も痛い目に遭った悟であったが、法廷でも平気で嘘をつく川辺に対して憤りを感じるとともにがっかりもした。

望月もショックを受けていた。現役の警察官が偽証罪を平気で実行している光景を目の当たりにしたからだ。いやしくも警察官ともあろう人が法廷で嘘をついていいのか。正直言って腹が立っていた。

「あなたが被告人の注視を開始してから、被告人が立ち上がって階段の方に歩いてくる、このときまでの間に、被告人が寝ている男に声を掛けているような様子はありましたか」

「私はそれは分かりませんでした」

「分からないっていうのは、記憶にないということなのか、それとも少なくともあなたは聞いていないないということなのか、どちらなのか」

「私は聞いていません」

「あなたと被告人あるいは寝ている男の距離なんですが、これは何か話をしたりとかしたら聞こえるような範囲なんでしょうか」

「はい、聞こえる範囲だと思います」

「当時の周辺の物音の状況は、どうでしたか」

「通行人がまばらに通る程度でした」

「そうすると、そんなにやかましかったりはしてないということですね」

「はい」

「被告人が寝ている男の体を触ったりとか、あるいはショルダーバッグを外したりしたときに、寝ている男の顔とか見ている様子でしたか」

「はい、バッグを外すときに見えたと思います」

「先程バッグの外し方については、本体を頭の上の方に持っていったという話でしたね」

「はい」

「そのときに被告人と寝ている男というのは、頭が正対するような感じになったんですか」

「はい」

「被告人が立ち上がってから階段の方に歩いてくるその間に、寝ている男を起こそうとしたりとか、あるいは声を掛けたりとか、あるいは振り返ったりとかいうようなことはありましたか」

「ありません」

「それは振り返りすらしなかったということですか」

「はい」

「それをご覧になって、あなたはどう判断されましたか」

「窃盗の被疑者だと思いました」

勝手にお前がそう思っただけじゃないか。川辺から自分が犯罪者だと思ったという台詞がでたとき、悟の怒りのボルテージはますます上がった。

「そのように判断された理由というのは、どういうことからでしょうか」

「現に現金を自分のポケットに入れましたし、男が知り合いだとかそういうふうには見えなかったからです」

「知り合いだとかに見えなかったというのは、今おっしゃったような挙動からでしょうか」

「はい」

「それであなたは、被告人に声を掛けましたか」

「はい」

「あなたは、初めに何と言って、被告人に声を掛けましたか」

「警察手帳を示し、警察だけど今現金を盗んだなといいました」

この嘘つき野郎。今すぐ席を立って胸倉を掴んでやりたい。回し蹴りでも入れてやりたい。椅子ごとぶっ倒してやる。しかし、悟はぐっとこらえた。これはもはや精神的な拷問であった。限界ぎりぎりの拷問であった。

「このときに、あなたが被告人の体に触れたようなことはありましたか」

「ありません」

川辺は眉毛を動かさずに平然と言った。悟ははらわたが煮えくりかえっていた。望月も同じ思いだった。冒頭で嘘をつかないという宣誓をしたじゃないか。望月はそう思いながら川辺をぐっと睨みつけた。

「一切ないわけですね」

「はい」

川辺はまたも動じない。平気で嘘をつく男だ。警察官証人は概ね嘘をつく。もちろん訴追側に有利な嘘をつく。裁判官は嘘を見抜く能力など持っていないので、嘘を額面通り受け止める。嘘をついてもそれがわからなければ裁判官の心証に悪影響をもたらさない。裁判官に事実認定能力がないことを十分理解し、また偽証罪というものが実務上機能していないことを知り抜いているからこそ、平気で偽証を重ねることができる。これが裁判の現実だ。

「被告人はあなたから声を掛けられて、どのような反応を示しましたか」

「床にしゃがみ込み、床に酔っ払ったような感じで寝ました」

「それは被告人が自分から床にしゃがみ込んで、横になったということなんですね」

「はい」

「そのような被告人の反応をご覧になって、あなたはどのように思いましたか」

「犯行を見られたのをとぼけるつもりだと思いました」

「そのようにとぼけるというふうに思われた理由は、どのようなことからなんでしょうか」

「犯行の一部始終を見られたことに恐れを感じたのかどうか知りませんけれど、それを隠すために酔っ払った振りをしているのだと思いました」

川辺はあくまでも悟を悪者に仕立て上げるつもりのようだ。

「それで、あなたはどうしましたか」

「被告人の腕を引っ張って起こそうとしました」

「それは逮捕する意図でですか」

「はい」

「あなたが腕をつかんで起こそうとしたのに対して、被告人はどのような反応をしましたか」

「体の力を抜いて、なおも寝ようとしました」

そんなことしていないじゃないか。悟は精神的な拷問に耐えるため奥歯を噛みしめた。

「横になり続けていたということですね」

「はい」

「で、どうしましたか」

「起こそうとしましたが、なかなか起きてくれないので、ポケットの中の現金を取り出して、このお金は何だということで質問しました」

「逮捕するというようなことは告げませんでしたか」

「その前に告げています」

「いつの時点でそれは告げましたか」

「被告人が床に寝そべった時点です」

「逮捕するということについては、どのように告げましたか」

「窃盗の現行犯として、逮捕するという旨を告げました」

「それでも被告人が起きようとしなかったんで、そのお金を胸のポケットから取ったということですね」

「はい」

「逮捕した時刻は確認されましたか」

「はい」

「何時でしたか」

「午前一時四〇分です」

「被告人を逮捕してお札を差し押さえたと。その後はあなたは何をしましたか」

「男を起こしました」

「で、起きた男に何か確認されたことはありますか」

「はい」

「どのようなことをまず聞きましたか」

「被告人を指差し、知り合いなのかということを聞きました」

「その前に、たとえば盗みがあったとかいうような、予備知識というようなことは言ったんですか」

「言ってません」

「一切言わずに、ただ知り合いかどうかということを聞いたんですね」

「はい」

「それに対して、寝ていた男はどのように答えましたか」

「知らないと言いました」

「それ以外に、寝ていた男に何か確認されたことはありましたか」

「はい、かばんの中の封筒を、確認してくれと言いました」
「その寝ていた男は確認しましたか」
「はい」
「確認した上で、どのような話でしたか」
「封筒の中の現金がなくなっていると言っていました」
「それで、被害者から話を聞いた後に、あなたはどうされましたか」
「被告人を交番に連行した後、高輪署にパトカーで搬送しました」
「被告人の弁解についてなんですが、先程やっていない知らないというようなことがありましたけれど、それ以外に何か被告人が言ってるのを、あなたは聞いたようなことはありましたか」
「はい」
「どのようなことを言っていましたか」
「被害者のことを、自分の知り合いだと思ったと言っていました」
「それは、いつの時点で言ってたんでしょうか」
「高輪署についてからだと思います」
「とすると、あなたは被告人を捕まえた現場、それから交番では、被告人が知り合いと思ったというようなことを言っているのは、聞いたことがなかったわけですね」
「はい」
「現場や交番では、被告人はやっていないとか知らないということを言っているところしか、あなたは聞いていないわけですね」

「はい」

お前が黙ってろって言ったんじゃないか。何で本当のことを話さないんだ。

嘘に嘘を重ねた川辺証言に悟の怒りは頂点に達していた。

「主尋問は以上です」

検事はそう述べると席に座った。

「弁護人どうぞ」

裁判官は反対尋問を促した。松井が弁護人席からすくっと立った。

「弁護人の松井から質問いたします」

川辺の顔に一瞬緊張が走る。

「先ほどの主尋問の中で、あなたは、被告人がお金を数えたところを見たとおっしゃいましたね」

松井は最もインパクトの強い事項から質問することにした。

「はい」

川辺は仕方なく素直に頷いた。主尋問で答えたことだから、ここまで否定することはできない。

「被告人は、平田さんがいる目の前で、お金を数えたということですね」

平田がいる目の前という点を強調した。

「はい」

川辺が頷いた。既に答えていることだから否定しようがない。

裁判官は身を乗り出すように聞き入っていた。

「その光景を見て、あなたはおかしいなというふうには思いませんでしたか」

松井は現場の状況をじっくり想定できるようにゆっくりとした口調で尋ねた。

被害者の目の前で被告人がお金を数えている。窃盗というには似つかわしくない状況である。

「思いました」

川辺はあっさりと平田氏の目の前で、お金を数える行為がおかしいことを認めた。川辺が認めざるを得ないように質問したからだ。

「おかしいなと思いましたね」

窃盗行為としては余りにも不自然な状況であったことを強調するためだ。

「はい」

「どういう意味でおかしいと思ったんですか」

「窃盗犯人としては大胆だなあと思いました」

あくまでも悟を犯人だという前提で証言している。現場で悟を見たときから窃盗犯人だと思い込んでいたことは明らかだ。

「あなたのいう大胆な行為ね、被害者の目の前でお金を数えている、その行為を見て、この両名は何か関係があるんじゃないか、と考えませんでしたか」

「少しは考えました」

逃げの答えだ。考えたか否かの質問で、「少し考えた」はないだろっ、と悟は心の中でつぶやいた。

「二人は知り合いではないかということは頭をよぎったのですね」

「お札を数えているときに、よぎりました」

川辺は主尋問の流れと違うことを言い出している。主尋問では、知り合いだとは思えなかったから、悟が窃盗犯人だと思ったという証言をしていた。場当たり的な供述態度だ。松井は川辺は信用できない奴だという思いを深めた。

「被告人がお金を数えているのは、平田さんからお金を借りているから、目の前で数えていたとは思わなかったのですか」

「思いません」

しれっと答えた。これも場当たり的な証言だ。これを認めると訴追側に不利になるということを本能的に察知したようだ。しかし、平田と悟が知り合いだということが頭をよぎったのであれば、借りたお金を数えていると考えるのが自然だろう。

「あなたとしては、お金を数えている時点で、被告人が窃盗犯であることは間違いないんだと、そういう認識だったのですか」

「はい」

矛盾した回答だが、全く臆せずに答えた。悟と平田は知り合いではないかと考えたのであれば、このような証言になるはずはない。松井は、川辺の矛盾を浮き彫りにするために次のような質問を繰り出した。

「先ほど、お金を数えているとき、二人は知り合いではないかという考えが頭をよぎったとおっしゃいましたよね」

「はい」

「それでも、窃盗犯だと確信したということですか」

「はい」

川辺は自分の証言が矛盾していることに全く気付いていないようだった。

松井は次に、封筒を鞄の中に戻した点を追及することにした。これも窃盗行為としては不自然だ。

「被告人は、お金を数えた後で、お金が入っていた封筒を鞄の中に戻しましたよね」

「はい」

「被告人は手袋をしていませんでしたね」

「はい」

「素手ですね」

「はい」

「素手でその封筒を触って、その封筒からお札を取り出したと」

素手という言葉にアクセントを置いた。

「はい」

「で、封筒を素手で鞄に戻したと」

「はい」

「あなたの経験から見て、これは置き引き犯にしてはおかしいなと、そう思いませんでしたか」

「少しは思いましたが、そういう窃盗犯人もいるのかもしれないと思いました」

いい加減な証言をしている。また「少し」思ったという回答だ。

現場で川辺は強い先入観を持っていたので、不自然な点を全て見逃したのだろう。だから、悟を窃盗犯だと思い込み、悟に対して乱暴な行為までしたのだ。そうであるにもかかわらず、法廷で川辺が見逃した重要なポイントを指摘するや、自分はあくまでも冷静であったことを強調したいがために、「少しは思いました」などという逃げの証言をしたのだ。いい加減な証言を崩すために、さらに追及的な質問を重ねた。

「いるのかもしれない。経験上そういう人を見たことはあるのですか」

「大胆な窃盗犯人は見たことはあります」

「質問に対して答えてくださいよ。

あなたはいろいろ置き引き犯などを検挙したことがあるとおっしゃるから聞いているんですが、これまでの経験の中で、被害者の目の前で素手で封筒からお札を取り出しました、その封筒を被害者の持ち物に戻しました、そういう人をあなたは見たことがありますか」

畳み掛けるように尋ねた。

「ありません」

さすがに川辺も言い逃れができないと思い、素直に認めた。

「被告人と平田さんが関係あるんじゃないかと思っていたんですよね」

「少し思いました」

「とすれば、あなたが被告人に近づいたとき、被告人に、寝ている男と関係あるのか、知り合いなのか、そういう質問をするのが普通だと思いますが、あなたはそういう趣旨の質問をしていませんね」

「はい」

「どうして被告人に聞かなかったのですか」

「被告人は私が声を掛けたとたんに、床に寝そべりましたから、いくら起こしても起きようとしませんでしたから、聞くことはできませんでした」

川辺は平気で思いつく嘘を述べた。こういう嘘つきに理由を聞くのは得策ではなかった。嘘の回答が返ってくるだけだ。それは弁護側にとって不利な証言を引き出したことになる。松井は川辺がさらに嘘の上塗り的な証言をすることを回避するために、質問の角度を変えることにした。

「被告人が立ち上がって歩き始めたときに、あなたは被告人の方に近づいたわけですね」

川辺は頷いた。

「走って近づいたのですか」

「歩いて近づきました」

「早歩きですか」

「はい」

「あなたが被告人に近づいたとき、『おいっ』と言って呼び止めたんじゃないですか」

「おいっとは言ってません」

「おいっと言いながら、あなたは被告人の左の脇腹を叩きましたね」

「叩いておりません」

川辺は眉毛をぴくりとも動かさず言い放った。確信犯だ。この法廷では決して暴行をしたことを認めない。そういう覚悟を決めて証言している。

検事はワンテンポ遅れて立ち上がった。

「異議。誤導です」

尋問に対して、相手方当事者は異議を唱えることができる。異議を唱えたら、直ちにその理由を告げなければならない。ある尋問が尋問のルールに違反している場合、その尋問は許されない。例えば、主尋問で誘導尋問をすることは許されていない。

検事は弁護人の尋問が誤導尋問に該当すると言った。しかし、既に証人が回答しているので、異議は時機に遅れている。

裁判官は特に何も言わなかったので、松井は尋問を続けた。

「あなたが被告人を制止させようとしているときに、今数えているものを出せと怒鳴りましたね」

「怒鳴ってません」

「右手で被告人の左腕の上腕を掴みましたね」

「右手の上腕だったと思いますが」

「左手で被告人の胸倉を掴みましたね」

「掴んでません」

「掴んだ拍子に、被告人のワイシャツのボタンは外れましたね」

「異議」

二度目は的確に異議を申し述べた。検事は顔を真っ赤にしている。

「反対尋問ですよ。これは」

「反対尋問云々は関係ありません。誤導だと言ってるんです」

裁判官は何を論争しているのかと言わんばかりの表情をしながら口を開いた。

「まず、異議の理由を伺いましょう。どうぞ」

「そもそも証人は、殴ったりつかんだりした事実はないというふうに証言しているのに、それに対してつかんでボタンが外れたと、つかんだということを前提として質問されるのは誤導ではないかと」

間髪入れずに、松井は答えた。

「それは理由がありません。主尋問に対する抽象的な回答について、私どもは、関連性ある範囲で反対尋問をしております。したがって、誤導にはあたりません」

裁判官は天井を見上げながら言った。

「弁護人の質問の根拠としては、被告人との打ち合わせなりなんなりを踏まえた上で、いろいろ証人に質問をぶつけておられると、そういうことなんでしょう」

「もちろんそうでございます」

「質問続けてください。異議は棄却します」

検事は渋々ながら椅子に座った。実は望月も、川辺証人に対して悟の主張をぶつけるのは誤導尋問にあたるのではないかと思っていた。異議が棄却されて内心ほっとしていた。

松井は川辺を見据えながらさらに尋問を続けた。

「被告人のワイシャツのボタンが外れて地面に落ちたところをあなたは見てませんか」

「見てません」

確信犯の川辺はあくまでも暴行の事実を認めない。

「ここで、弁第一号証を示します」

松井はこれでは埒があかないと思い、物的証拠を川辺に突きつけることにした。書記官から証拠のワイシャツを受け取って、それを川辺の前に示した。

「これは、あなたが被告人を逮捕した当日、被告人が着ていたシャツなんですが、見覚えありますか」

「あります」

松井は、ワイシャツの第三ボタンのあたりを川辺によく見えるように指し示しながら質問した。

「第三ボタンの方を示したいと思います。ワイシャツには第三ボタンが外れていますが、これが外れた経緯について記憶にありませんか」

「ありません」

しれっと答えた。

彼はこの反対尋問を予想していたようだ。予想した上で、この質問に対しては一切否定する決意を固めている。松井の質問に対して表情を変えなかったが、目の前にいる松井と目が合うことを避けた。嘘をついているので真正面から松井と対峙することができなかったのだ。

松井は内心「嘘つき野郎」と思いつつ質問を続けることにした。

「弁第二号証を示します」

さらに声が大きくなり、法廷中に響き渡った。

松井は、書記官からボタンの入ったビニール袋を受け取り、これを川辺に示した。じっくりとボタンが見えるように。

「このボタン、このワイシャツのボタンと似ていますよね」

「はい」

川辺は松井と目を合わせようとしない。あくまでも自分流に嘘を貫く。

「被告人がしゃがみ込んだということですが、そのとき、被告人はボタンを拾おうとしていましたね」

「いいえ」

「あなたは、その状況を見ていないのですか」

「はい」

「被告人は、ボタンを拾ってから、これをワイシャツのポケットにしまったのですが、それは見てませんか」

「見てません」

川辺は松井の視線を避けながら大きな声で証言した。

「しゃがみ込んだ瞬間、あなたは酔ったふりすんじゃねえっ、そう言いましたね」

松井は川辺が現場で言ったように乱暴な口調で質問した。

「はい」

川辺はこの程度の事実は認めた。嘘をつきすぎて疲れてしまったのであろう。この程度の事実は認めた方が楽になる。

「それに対して、被告人は、していませんと、そう答えましたね」

「答えてません」

またも嘘をついた。

「酔ったふりなんかしてませんと、言い返したはずなんですが」

「してません」

「被告人が、しゃがんだ姿勢から立ち上がると、あなたは被告人に対して投げ技をかけようとしましたね」

「してません」

またもしれっと答えた。川辺は膝の辺りに置いた手に力を込めていた。必死で嘘を付く体勢を作っているようだ。

「あなたは、その左手で、被告人のズボンの右後ろのポケットをつかんだでしょ」

「つかんでません」

「被告人に対して投げようとしたことが本当にないのですか」

「ないです」

川辺はあくまでも白を切りとおした。警察官はなぜここまで嘘つきなのか。望月は仮にも警察官が偽証を重ねることに対して気分が悪くなった。悟はもちろん怒りが収まらない。

「弁第三号証を示します」

書記官からズボンを受け取り、これを川辺に示した。

そして、川辺がじっくり見えるように、ズボンを証言台の上に置いた。

「紺色のズボン、これは当日被告人が着用していたものですが、見覚えありますか」

「はい」

悟のズボンであることは認めた。

「右後ろのポケットを示します。ここ破れていますね」

ズボンの右後ろポケットは無惨にも破れている。松井はその破れた箇所を右手人差し指で示しながら質問した。声には川辺に対する非難が含まれている。

「はい」

一呼吸置いてから、質問した。

「この破れたことについて、あなた記憶がありますか」

「ありません」

暴行行為について、川辺はあくまでも否定した。法廷で嘘を貫き通すことが警察官としての職務であると考えているのだろう。自らの良心に背いてまで法廷を愚弄する態度は吐き気を催す程醜いものであった。

「あなたは、まず交番の方に被告人を連れて行こうとしたんですかね」

「はい」

「連行しているときですが、あなた、署に着くまで黙ってろと、被告人に言いましたよね」

「言ってません」

「被告人が酒に酔っているか否かについて、酒酔い鑑識カードなどの検査結果がありますよね」

本件では、悟が飲酒酩酊状態にあったことがポイントとなっている。これを裏付ける証拠を検察側から提出させるためにこのような質問をしたのである。

「はい」

川辺はＹＥＳと答えた。これで酒酔い鑑識カードを裁判に提出させることができるだろう。松井は内心ほっとした。

松井は弁護人席に座り、次に望月が立ち上がって尋問を始めた。

「被告人が眼鏡をかけていたかどうか覚えていますか」

川辺は悟を一瞥してから答えた。

「かけていたと思います」

当日、悟はコンタクトレンズで眼鏡はかけていない。

今まで黙って聞いていた悟であったが、あまりに酷い川辺の嘘に対し、ついに言葉をだしてしまった。

「嘘はいいかげんにし……」

悟は目の前の川辺につい怒鳴ってしまった。ただ、言葉にはなっていなかったが。

「石原さん」「あっ、石原さん」

松井と望月がほぼ同時に悟の言葉を遮った。

「気持ちはわかるんですが、今は」

望月が言った。

「被告人は今勝手に話してはなりません。後で発言の場がありますからね」

裁判官が優しい口調で悟に説明をした。

「スミマセン……」

悟が謝ると引き続き川辺への反対尋問が始った。

望月がさらに二、三点尋問した後、再び松井が立ち上がった。

聞くべきポイントを思いついたので、補充的に質問を加えることにした。

「あなたは平田さんが持っていた黒い鞄の中身をチェックしましたか」

「はい」

「その黒い鞄の中に、青色の財布が入っていましたね」

平田の供述調書には、鞄の中に青色財布が入っていたこと、これは抜き出されていないことが明記されていた。置き引き犯であれば、財布の中の現金を抜き出すはずだ。これも悟が犯人ではないことを裏付ける重要な事実である。

「記憶にありません」

川辺は都合の悪い質問に対しては答えをはぐらかした。不利な点はだんまりを決め込む作戦だ。法廷で警察官から嘘を付かれることに慣れた松井ではあったが、この川辺の対応には腹が立った。

「六〇〇〇円ほど入っていた青色の財布があったのを覚えていませんか」

質問する声は自然と大きくなっていた。

「覚えていません」

川辺はあくまでも白を切る。

「高輪警察署で、あなたは被告人に対して、こういうやつが一番むかつくんだよな、という趣旨の発言をしましたね」

悟が一番腹立たしかったセリフをぶつけてみることにした。

「してません」

案の定、川辺は嘘を重ねた。

「被告人のことを指して、馬鹿と、言いましたよね」

さらに川辺のセリフをぶつけてみた。

「言ってません」

川辺の供述態度は冷静さが欠け、興奮していた。言ってないと答える彼自身の声も自然と大きくなっていた。

「逮捕してから連行するまでの間、あなたは興奮していたのではないですか」

ずばっと切り出してみた。

「興奮していたかもしれませんが、暴言は吐いておりません」

あくまでも白を切った。川辺は、弁護人の反対尋問でかなり動揺し、興奮していた。それで、当時も興奮していたことを認めたのだろう。

ポイントを稼いだと思い、松井は再び弁護人席に座った。

検事が立ち上がり、再主尋問を行った。

「先ほど、弁護人から示されたワイシャツとボタンとズボンですね。このワイシャツの第三ボタンが取れていましたけれども、あれがいつの時点で取れたのかと、あるいはなぜ取れたのかと、あるいはズボンについて、破れていましたけれども、あれがいつ破れたか、あるいはどのような理由で破れたかということは、あなたは知っているんですか、知らないんですか」

「知りません」

「一切知らないということでいいんですね」

「はい」

検事からの質問が終わった後、裁判官が数点補充的に質問して、尋問が終了した。

裁判官は、本日法廷に来なかった平田に対する尋問等をどうするかについて検事に尋ねた。検事は回答に窮していた。

平田調書には、鞄の中に現金六〇〇〇円程入っていた青色の財布が明記されているなど、川辺証言と食い違う点が幾つか記載されている。松井と望月は、平田調書を不同意にする必要はないのではと話し合い、即座に同意することに決定した。

「裁判長。少しよろしいですか」

松井は検察官と問答している裁判官に声を掛けた。

「何ですか」

「平田調書についてですが、前回の期日で不同意といたしましたが、弁護人は、これを撤回して、同意したいと考えております」

「ほお、そうですか。では、平田調書を採用することにしましょうか。とすると、平田尋問についてはどうされますか。検察官」

「尋問の請求は撤回します」

「わかりました。平田調書を採用します。検察官は要旨を告知してください」

検事は平田調書の要旨を誰も聞き取れないような早口で説明した。

「そうすると、甲号証関係は以上ですかね」

裁判官は物足りないとでも言わんばかりの口調で話した。

検事は特に反応を示さなかった。

松井は立ち上がった。

「先ほどの尋問のときに指摘しましたが、酒酔い・酒気帯び鑑識カードがあるはずです。それを提出願いたい」

裁判官は検事に鑑識カードを提出するよう促した。検事は憮然とした表情で頷いた。

「それでは、乙号証関係についてご意見を伺いましょうか」

裁判官は弁護人側に顔を向けた。

望月が立ち上がり、調書のうち一部は同意するが、一部不同意にする旨を述べた。

悟の供述調書はいずれも罪を認める内容にはなっていない。

しかし、松井と望月は調書の大半を不同意とした。悟の供述調書は、あたかも悟が不自然なことを話しているかのように書かれていたからだ。捜査官がいくつもの質問を浴びせ、悟がこれに答えるという、問答形式になっている。しかも、調書の中には書き間違いや捜査官の聞き違いと思われる箇所があった。これは捜査官の思惑によって作られた。その思惑とは、悟が話していることはいかにも不自然なことで、虚偽の弁解であるから、彼の話を全く信用できない、ということを読み手である裁判官に伝え、洗脳することである。

被告人供述調書は被告人にとって恐い証拠である。

ちょっとした言い間違いや捜査官側の聞き間違いが含まれていても、裁判官は、これを供述の変遷であると考え、被告人が嘘をついている証拠であるとみなす。すなわち、被告人供述調書がその存在だけで不利益な証拠となる。

人間はちょっとした言い間違いをよくする。しかし、裁判官にはそのような常識は通用しない。重箱の隅をつつくように被告人供述調書を吟味し、被告人の話に違いがあれば、「嘘」だと決め付ける。しかし、被害者の言い間違いには寛容なのだから、本当に不思議である。

裁判官はやや怪訝な顔をして検事の方を向いた。

「不同意部分についてどうしますか」

検事は立ち上がり答えた。

「法三二二条に基づいて請求したいと考えます」

そこで松井がすくっと立ち上がった。

「不同意部分ですが、それは被告人が不利益な事実を承認したものではありません。したがって、法三二二条の要件を充たしていません」

「弁護人。任意性を争うという趣旨ではないのですね」

「はい。任意性を争うわけではありません。繰り返しますが、供述調書は不利益な事実を承認した内容ではないということです」

調書の採否については、裁判官に広汎な裁量がある。

その証拠が法の要件を充たしているかどうかについて、裁判官は、しばしば刑事訴訟規則一九二条に基づく提示命令により当該証拠を見ることがある。これは、採否の決定にあたり、当該証拠等を見るというルールである。しかし、これを頻繁に使って、本来証拠として提出するべきではないものまで見るのであれば、証拠に関するルールを厳格に定めた意味がなくなる。

実務上、規則一九二条の提示命令を頻繁に使う人もいれば、時機に応じてこれを使う人もいる。

担当裁判官は、規則一九二条の提示命令を発動しなかった。

「乙号証の採否については保留しましょうか」

検事は少し納得がいかないという顔をしたが、裁判官は続けた。

「さて、検察官立証は一応ここまでということでしょうかね。弁護側立証についてですが、まずは、先輩を調べるということでいかがですか」

豊田先輩を証人として申請するか否かは決めかねていた。豊田先輩を調べることのメリット・デメリットを考えあぐねていたからである。

しかし、裁判官は、次回期日に、豊田先輩の証拠調べをするべきであるとの前提で、その尋問を求めてきた。

松井と望月は目配せして、やるしかないかと合意した。

望月は悟に声を掛けた。

「石原さん。豊田先輩の証人尋問をやるということでいいですか」

悟は先ほどの尋問で川辺が嘘ばかりつくので、はらわたが煮えくり返っていた。頭の中は川辺の嘘の回答が渦を巻いていた。望月の質問に対して、余り考えずに承諾した。

そこで、望月が立ち上がり、豊田証人の尋問を請求する旨を告げ、氏名・住所を裁判所に説明し、裁判所から呼出状を発送してもらうようお願いした。裁判所から直接呼出状が発送されれば、豊田も出廷せざるをえないと考えるであろうと思ったからである。

次回期日が一〇月三〇日午前一一時からと決まった後、閉廷となった。

悟は手錠をかけられ、法廷を後にした。

傍聴席にいた哲夫らも川辺の証言に対して憤りを感じていた。その一方で、有罪率を殊更高めるために平気で虚偽の答弁をする警察権力の恐ろしさを改めて認識した。

第四回保釈請求

翌一〇月三日、松井と望月は四度目の保釈請求書を提出し、翌四日担当裁判官に会って、保釈すべき必要性を訴えた。

これまで、弁護側の立証計画が定まっていないことと、悟が豊田先輩や警察官に働きかけをするなどということで保釈が認められてこなかった。しかし、警察官の尋問が終了し、検察官立証が一応終わった。次回期日に豊田先輩の尋問が決定した以上、弁護側の立証計画は明確である。否認事件であっても、検察官立証が終了すれば、被告人の保釈を認めるのが一般的な扱いである。実務の趨勢に従っても、この時点で保釈を認めるべきである。

悟が豊田先輩に働きかけをするなどというのは幻想以外の何物でもない。そもそも、弁護人がついている以上、偽証の働きかけなどするわけはない。それでも疑いがあるなら、悟が豊田先輩に会わないことを保釈の許可条件にすればよい。

悟は東京拘置所に勾留されているので、仕事をすることができない。悟は経済的に不利な立場にたたされている。検察側と被告人側が対等の立場で法廷闘争を繰り広げるためには、被告人が経済的に不利な立場にいるのは不公平である。

裁判官は弁護人の話を黙って聞いていた。

検事からの求意見が裁判所に提出された後、一〇月一二日、裁判官は、保釈を却下するとの判断を下した。悟が豊田先輩に嘘の証言をするようにと働きかけをする可能性が高いと考えたようだ。

弁護人両名はがっかりした。

両名よりも落胆したのは哲夫と悟であった。

松井と望月は、一〇月二〇日、保釈を却下したのはおかしいと思い、東京高等裁判所宛に抗告を申し立てた。一〇月二五日、東京高等裁判所第二刑事部は、主要な証拠調べは一応終了している状況にあるものの、被告人の弁解の真偽を判断する上で重要な意味を持つ弁護人申請にかかる豊田証人の尋問が次回期日に予定されており、現段階で被告人を保釈すれば被告人が豊田らに働きかけるなどして罪証を隠滅すると疑うに足りる相当の理由があると判断し、抗告を棄却した。

裁判所には市民感覚は全く通用しない。司法官僚は被告人に対して強い偏見を持っているからである。

会議

一〇月一〇日午後七時三〇分。さくら共同法律事務所会議室。

哲夫と敦が会議室に通された。

哲夫は、打ち合わせまでに記録を精査してきた。平日は文学館での仕事をしているので、記録を読むのは平日の夜か休日になる。一〇日の打ち合わせのため、祭日の九日は記録の精査に時間を費やした。記録の読み込みにかける時間では、裁判官にも負けていない。その日は有給休暇をとり、新宿紀伊国屋書店で犯罪捜査百科なる文献まで購入し、それを隈なく読んだ。午後には東京拘置所に赴き、悟と面会し、スウェット上下を差し入れた。一〇月の中旬にもなると徐々に寒くなってくる。そう思って、スウェット上下を差し入れたのである。悟は早く働きたいと心情を吐露していた。

あれこれ考えているうちに、望月と松井が互いに記録を持って会議室に入ってきた。

「お待たせいたしました」

弁護人両名は深々と頭を下げてから席に座った。

松井が切り出した。

「先日、お電話で概要を話しましたが、四日夜、豊田氏に会いました。彼の仕事場の最寄り駅である浜松町駅で待ち合わせ、近くのドトールで三〇分程話しをしました。会ったときには既に裁判所から呼出状が届いていたようで、用件は解っていました。

彼はクールな表情で、お役に立てるのならば出たいと即座に答えてくれました。しかし、当日休めるかは上司に相談しなければわからないと言ってました」

豊田氏に当日来てもらうかどうかについて話し合った。とりあえず、弁護人が豊田に連絡をとって、次回の打ち合わせ期日に来てもらうことを打診することにした。

次に、豊田氏に対する尋問事項の草稿を検討した。

尋問の一つ一つに検討を加えていく。議論して不必要だと決まったものは削除し、より掘り下げるべき事項については言葉を加えていく。要否について決定しにくい事項は保留し、次回の打ち合わせ期日までに全員が検討することにした。

尋問事項の検討が一通り終わった後で、冒頭陳述要旨の草稿を検討した。

冒頭陳述とは立証する命題をストーリーの形式で書き上げたものである。

検察官の冒頭陳述は立証しようとする犯罪事実に関するものをまとめたもので、弁護側の冒頭陳述は本件の場合、被告人が無罪であることを訴えるために立証しようとする対象を明らかにしたものとなる。

その草稿には、悟が社会人として真面目に働いてきたこと、本件現場に至る経緯、本件現場での出来事がポイントを絞ってまとめてあった。

四人は、その草稿に対して、一行一行、丹念に検討し、内容や表現を詰めていった。

作業が終わったのは午後一〇時三〇分ころであった。

豊田証人に対する尋問事項や冒頭陳述要旨の検討は一〇月一九日の夜にも行った。

一〇月一九日の夜には、敦が九月に二度にわたって品川駅の現場を撮った写真を検討した。写真は現場の暗さを確認するためである。いずれも撮影時間は夜中の一二時から二時であった。

第三回公判期日

開廷一〇分前、四〇四号法廷の向かいにある待合室には松井、望月そして悟の家族とともに豊田の姿があった。

幾分緊張しているようでもあるが、時々深呼吸をして、自分の気持をコントロールしている様子を見て松井は安心していた。

ドアが開き廷吏が入ってきた。

「豊田さーん。この中に本日証人として出廷する豊田さんはいらっしゃいますか」

「はい。豊田は私ですが」

豊田が答えた。

「本日の出廷にあたり希望されるのであれば日当が支払われますけどどうしますか」

「はあ。いただけるモノであればいただきたいと思います」

「そうですか、日当は被告人石原悟の負担になりますがよろしいですね」

「えっ。いや、それでしたら結構です」

豊田が答えた。

その様子を見ていた敦は廷吏の無神経な言葉に怒っていた。

日当が悟の負担であることをわざわざ自分たち悟の家族の前で言えば、当然ながら豊田は日当を貰いにくい。しかもあんな大きな声で話すことでは無いはずだ。

日当が裁判所から出るということなら豊田も気持ちよく日当を受け取ってくれたかもしれない。証人として出廷してくれる豊田にはせめて日当を受け取って欲しいと思っていた。

申し訳ないな、と敦は思った。同時に悟が豊田を慕う理由がわかった気がした。

一〇月三〇日午前一一時一五分。四〇四号法廷。

豊田は証言台席の後ろにある椅子に腰掛けていた。

その近くにある被告人席には悟が座っている。

悟の後方には望月と松井が座って、記録をチェックしていた。

検事が別件で遅れているとのことであった。そのため、裁判官もまだ入廷していない。

ようやく検事が法廷に現れた。いつものやぶにらみ顔で。

検事は遅れたことについて何の言葉も発しなかった。

廷吏が検事の出廷を連絡し、裁判官が法廷に現れた。

裁判官は、豊田に証言台席のほうへ移るようにと言った。

豊田は、裁判官からの人定質問に答えた後、宣誓文を読み上げた。

裁判官は、偽証すると偽証罪に問われることがあると釘をさし、弁護人の方を向いて尋問を始めるようにと言った。

松井は立ち上がり質問を始めた。

豊田の勤務先や悟と知り合った経緯を訊いた。これに対して、豊田は淡々と答えた。

「去年の夏ごろから親しくなり出したということですが、どのようなお付き合いをされていたのですか」

「夏は、やはり海に行きまして、秋はキャンプ、冬はスキー、あるいはスノーボードということで、その季節にあった遊び方をしていました。あとは二ヶ月か三ヵ月に一回くらいでしょうか、飲み会をしていました」

「レジャー、飲み会、仕事などを通じて、悟君の人となりを理解していただいていると思うのですが、証人から見て、悟君の人柄はどういうものですか」

「周りにはもう絶対に悪い印象を与えない、会った途端にもう仲良くなれるような、そういうおおらかな性格の持主ですので、友達になるまでさほど時間は掛かりませんでしたし、やはりいろいろな仕事面においても信頼の置ける人なので、相談もしておりました」

「少し質問の観点を変えますが、これまで、悟君が会社内や会社の外で人のものを盗んだというようなことが問題になったことはありましたか」

「いえ、一切ありません」

「先ほど、飲み会をされていたということですが、悟君は酒に強いほうなのでしょうか」

「かなり弱いほうの部類に入ると思います。ただ、お酒を飲む場は好きですね。だから周りの雰囲気が盛り上がってくると、弱い酒もどんどん入ってしまうようです」

続いて当日の飲み会について質問した。

「証人は少し遅れて合流されたということですが、そのとき飲み会はどういう雰囲気でしたか」

「皆でわいわいがやがやいろんな種類のお酒を飲んで、お酒に弱い人はもう顔を赤らめて、いい感じで皆出来上がっている寸前ぐらいであったと思います」

「どのような話題で盛り上がっていましたか」

「まず、キャンプの話題で盛り上がり、次いで、寺崎さんと柴山さんがお付き合いをしているということで盛り上がりました。私はそのことを知っていたのですが、悟君はその日知ったみたいで非常に感動といいますか、祝福してあげていたと記憶しています」

「悟君の様子をもう少し教えてくれませんか」

「やはりそういううれしい話題もあって、お酒の量は結構多く飲んでいたと思います。気持ちよく酔っ払っているように見えました」

松井は一次会の終了時間等を聞いた後、二次会のことを質問した。

豊田は、九時三〇分か四〇分に一次会を終えたこと、二次会は歩いて五分くらいのところにあるカラオケボックスに全員で行ったこと、その店には二時間程いたことを答えた。

「カラオケボックスを出られて、池袋の駅に着くまでに、悟君の行動で覚えていることは何かありますか」

「店を出てから一〇メートルくらいのところで、悟君はでろんとしていて、前のほうに転んでしまったんです。私を含めて周りの人は相当酔っ払っているなという印象を受けました」

「池袋駅に着いて、証人はそこからどのように帰られたのでしょうか」

「私は埼京線に乗車しました。赤羽のほうに行く電車です」

「池袋駅までは八人全員で歩かれたのですか」

「そうです」

「悟君とはどの地点で別れたことになるんでしょうか」

「池袋駅の切符売場に一人で行きまして、それで待っていてくれた柴山さんと寺崎さんと合流するときには、既に悟君の姿がなく、そこで見失ったという感じになりました」

「六月下旬ころ、証人の勤務先に刑事さんがいらっしゃったことがありますね」

「はい。二名で」

「二名の刑事さんがいらっしゃって、どういうことをされましたか」

「光が丘警察が最寄りでしたので、会社からそこまで車で連れて行かれまして、全身の写真、横向き、後ろ向き、顔の正面、後ろ、斜めと写真を撮られまして、そのとき持っていたバッグの写真も撮られました」

「証人としてはどのような気持ちになりましたか」

「仕事を中断されたうえ、いきなり警察署に連れて行かれたわけですから、少なからず嫌な気にはなりました」

主尋問が終わった後、検事が立ち上がって反対尋問を始めた。

店の場所を事細かにきいたり、店での状況を子細にきいたりしていた。まさに重箱の隅をつつくような質問であった。裁判官の補充尋問は豊田氏の当日の服装に関することであった。

結局、豊田証人尋問は、悟の言い分を判断する上で特に重要な意味を持っていなかった。結果的には、豊田証人尋問をする必要はなかったといえよう。しかし、悟は、豊田尋問が終了するまでは勾留され続ける必要があるとして、拘置所生活を強いられてきたのだ。

松井と望月は、これまで保釈が認められなかったことについて納得できなかった。

拘置所生活

東京拘置所。

綿貫がアカ落ち（拘置所を出て刑務所へ入所すること）して一週間が経った。二番手（副房長）である綿貫が抜けてしまい必然的に悟は二番手の副房長になっていた。

相変わらず高橋は、自分よりも悟が上にいることが腹立たしい様子で、毎日毎日凝りもせず「副房長の石原さぁん」「エライ、エラーイ石原さぁん」などと悟のことを呼んだ。

先日、房長である一番手の藤井の控訴審が終わった。執行猶予はもらえなかった。

「被害弁済をしていないから仕方ないんだよ悟ちゃん」

三番手の佐山が言った。

上告するつもりはないらしい。あと二週間もすれば藤沢もアカ落ちしてしまう。そうなれば悟は房長になる。そのことを考えると悟は非常に気が重かった。今の二番手というポジションでさえヤクザ者からイヤミを言われている。房長などになってしまったら、いったいどれ程のイヤミを言われるのかわからない。

雑居房から独居房に移るなんていうことは基本的にはありえない。例えば雑居の中でケンカをするとか、やることなすことトロくって同居人に迷惑ばかりかけるとか特別な理由がない限り、独居房には移してもらえない。

藤沢の裁判が終わってからというもの、悟は毎晩遅くまで自分の寝床の中で悩んでいた。

「いつになったら社会に戻れるのだろう」

「いつになったら無罪を認めてもらえるのだろう」

「いつ頃藤沢さんは出ていってしまうのだろう」

「家族は今頃なにしているだろう」

「無実が認められても会社の人間に顔を合わせるのは辛いな」

今の雑居房生活の中では、自分の気持や事件のことを整理するのは難しかった。

仲嶋が執行猶予で出ていったあとに残った人間は全員実刑確実だった。

執行猶予というだけで僻まれるこの部屋の中で「自分は無罪なんだ」と言えば間違いなくイジメの対象になっていたであろう。

夜寝るときに布団から腕を出していると肌寒い。

季節は間違いなく移り変わっていく。辛いことだが決して時間は待ってくれない。逆に時間は容赦なくものすごいスピードで過ぎて行っている気がした。

悟が逮捕されてからもうすぐ丸五ヶ月だ。

「人生の中で夏を丸々一回ソンしちゃったな」

そんなことをぼんやり考えているうちに眠りにつくのが最近のパターンだった。

一一月になった。

まだ房長は藤沢だった。おそらく藤沢が一七房にいるのもあと一日か二日だろう。それは誰しもがわかっている事実だった。そして、藤沢がアカ落ちした後の一番手、つまり一七房の房長が悟だということも。

運動の時間に悟は思いきって藤沢を誘った。四方を金網に囲まれ砂利の敷かれた運動場をぐるぐると歩くだけの運動の最中に、藤沢に自分の気持ちを伝えた。

「藤沢さん。俺を独居に行かせて欲しいんです」

「えっ。どうしてそんなこと言うの石原ちゃん」

藤沢は悲しい顔をした。

「藤沢さんがアカ落ちしたら俺が房長になっちゃうじゃないですか。俺そんなのイヤなんです。堅気の藤沢さんなら俺の気持ちわかってくれるでしょ」

おそらく藤沢が同性愛者であることを悟は知っていた。はじめこそ悟のことを娘の婿になどと冗談を言っていたが、その優しさがだんだんとエスカレートしてきた時に、なんとなく違和感を感じていた。

悟が一七房へ来たばかりの頃、藤沢は食事の際に肉料理が出された日などは大喜びで一番大きなモノを選んで食べていたし、チョコレートなどの差し入れも喜んで食べていた。しかし一ヶ月もすると一番大きな肉は必ずと言っていいほど悟に食べさせてくれた。そしてチョコレートなども悟にくれた。

悟が食べる姿を微笑みながらウットリと眺めている藤沢の目は正直気持ちが悪かった。

藤沢は悟の父と同じくらいの年齢だった。夜になると肩が痛いと言っていたので、悟はよくマッサージをしてやっていた。そんな時の藤沢は本当に嬉しそうだった。

話を元に戻そう。運動場を歩きながら藤沢が言った。

「イヤイヤ石原ちゃん。そんなこと言わないで！」

藤沢がふざけて言った。

「藤沢さん、俺真剣なんですけど」

「しかし、独居に行かせるにはそれなりの理由が必要だよ。石原ちゃん」

「例えば、房長の俺から見て協調性が無いとか、ワガママだとか言わないとセンセだって独居に行かせてくれないよ。それとも誰かとケンカでもすればアッと言う間に独居行きだけどね」

「それじゃあ懲罰房行きじゃないですか」

「だって雑居から独居に行く人間ってのはマイナスなんだよ。えんま帳に協調性が無いだの、喧嘩っ早いなんて書かれたら裁判の時に印象悪いよ石原ちゃん」

「それに俺もうすぐアカ落ちだから石原ちゃんに見送ってもらいたい。でももう一度よーく考えて気が変わらなかったら言ってよ。それまで俺も石原ちゃんが悪く思われないように独居に行ける方法考えるから」

見送ってもらいたい。その一言が本心だったのかな。悟は思った。

とにかくもう限界だ。短い運動の時間を終えた悟は、今晩の消灯前の自由時間に藤沢にこっそり話してみようと心に誓った。

第五回保釈請求

一一月一日午後一時三〇分。さくら共同法律事務所。

松井は執務机に向かって、記録を精査しながら準備書面（民事訴訟で、当事者の主張やそれを裏付ける理由をまとめた書面）を作成していた。

電話が鳴った。

松井が受話器をとると、三番の回線に東京地裁刑事九部から電話が入っているとのことであった。

一〇月三〇日に五度目の保釈請求書を提出した。その面接日の連絡かと思った。三番のボタンを押した上で電話に出た。

「もしもし、弁護士の松井ですが」

「はい、もしもし、裁判官の藤山です」

松井は少し驚いた。裁判官が直々に電話をかけてくることは非常に少ない。一般的には書記官が電話をかけてくる。

松井は少し恐縮しながら対応した。

「いや、実はですね。石原さんの件ですがね。もうそろそろ保釈しようかと思いましてね」

当たり前だと思いながらも、丁寧な対応で続けた。

「そうですか。どうもすみません。ありがとうございます」

「はいはい。保釈保証金ですが一五〇万円でよろしかったですね」

「ええ。結構です」

「それでは。よろしく」

「はい。わざわざどうもありがとうございました」

正直嬉しかった。今度こそは保釈が認められるだろうと思っていた。しかし、検察官の求意見などで保釈になるのは連休明けになるのではないかと考えていた。

松井は事務局に保釈保証金を裁判所に預託する手続をとるよう指示を出し、哲夫に連絡するため受話器をとった。

釈放

平成一二年一一月一日。東京拘置所。

その時は突然やってきた。

夕食が終わり布団を敷いている時だった。一一月から配られた冬用の掛け布団をおろそうとした瞬間に。

「石原ァー!! しゃくほーう!」「石原ー。釈放だ。急いで準備しろっ!」

声の方向に振り返ると鉄格子の窓から担当官がどなっていた。

「えっ」

声を出した悟を見て
「お前が石原か?釈放だよ。遅くなったから急いで準備しろ!」

担当官が言った。

一七房のメンバーがわあっと集まってきた。

「石原ちゃん」

「石原ちゃん良かったねえ」

「やった。悟ちゃん」

「悟ちゃんおめでとー」

「石原さん良かったたっすね」

「やったじゃん石原さん」

悟は信じられなかった。何だかスローモーションの映像の中にいるみたいだった。一七房のメンバーが握手を求めてきた。みんな縁起物に触っておきたいのだ。それはまさに野球でサヨナラホームランを打ったバッターをホームベース上で迎えるような大騒ぎだった。

大騒ぎの中で悟だけがただ一人冷静に「釈放って何でだろ？保釈のことなの？」と考えていた。

「おいっ！テメエら！バカ騒ぎしてねえで石原の荷造り手伝ってやれっ！」

刑務官が言った。

その言葉に悟はハッとした。

次の瞬間、涙がこぼれた。今までの拘禁生活が走馬燈のように思い出された。

「悟ちゃん。これからシャバに戻れるってのに泣いたりしちゃいけねえよ。俺たちはあと何年か帰りたくても帰れねえんだから。ホント悟ちゃんじゃなかったら頭にきてるぜ」

佐山が言った。

佐山には何度も助けてもらった。

悟の次に一七房に来たのが佐山で本当に良かった。後に入ってきたヤクザ者に悟が因縁をつけられている時には、必ず佐山が助けてくれた。佐山は自分を盾にして悟に良くしてくれた。拘置所の中でヤクザであるとか堅気であるとかに関係なくおかしいことにはおかしいと言える数少ない人間だった。

「悟ちゃん。良かったね」

佐山の目も涙で潤んでいた。

シーツを風呂敷代わりにして所持品を包んだ。

毛布を風呂敷代わりにして敷き布団や掛け布団を包んだ。

父からの差し入れの菓子類はみんなに配った。石鹸は人数分なかったので、番手が上の藤沢と佐山と水出に配った。番手が上というのはとってつけた理由だったかもしれないが、短い時間でヤクザ者も納得するイイ理由を見つけたなと思った。

悟を迎えに来ていた刑務官が注意した。

「おい！石原！差し入れを他の人間に配ったりしちゃ駄目だ！おまえ、ここの規則破るのか！」

確かにここの規則では自分の差し入れは自分で食べなければいけないらしかった。

悟は一瞬困ったが
「そーゆうことなんで、皆さん今僕から受け取ったモノは全て捨てて下さーい！」

「センセ、皆さんに捨ててもらう分にはイイっすよね」

「ああ。かまわん」

「おいっ！テメエら！いいかっ！チョコだかキャンディだか知らねえけどコイツは捨てておいてくれって言ったんだぞ！わかったな！」

「まあ俺もゴミ箱まで調べねえけどな」

初めて見る刑務官だったが、人間的には優しい男なのかも知れない。

「石原、用意ができたら皆に挨拶しろっ。そろそろ行くぞ」

部屋の中央にある分厚い鉄の扉が開かれた。

七時の消灯時間の後にこの扉から出るのは不思議な気持ちだった。

「皆さん。本当にお世話になりました。これでお別れですが寒くなってきたので皆さんも健康だけは気をつけて下さい。どうも有難うございました」

悟はそう言って深々とお辞儀をした。

悟が部屋を出るとガチャリと鉄の扉は閉められた。悟は今いる新北舎の隅まで歩くように指示された。歩き始めると一七房の男たちが鉄格子の窓に顔をくっつけて口々に言った。

「悟ちゃん。元気でな」

「悟ちゃん。じゃあな」

「悟ちゃん、裁判、最後まで頑張るんだぜ」

最後に聞こえたのは佐山の声だった。

「ありがとう、佐山さん」

それだけしか言えなかった。

「しゃべるんじゃねえっ！」

刑務官が遮ったからだ。

悟は刑務官の言うとおり歩き始めた。

一七房の向かいの房も、隣の房もとにかく全ての房の男どもが鉄格子の窓に顔をひっつけるようにして悟を見ていた。

悟は一七房から見えるギリギリのところで振り返らずに一礼した。

新北舎の一番隅に付くと布団の検品があった。検品と言っても枚数の確認だけだった。

そして所持品の検品があった。

拘置所に入所した日に記入した所持品チェックシートと実際の所持品を照らし合わせて衣類の数をチ

ェックした。そして自由筆記のノートの中身を担当官が熱心に調べ上げた。

「この中で知りあったヤツの電話番号や住所なんか書いてねえだろうな」

刑務官が言った。

悟のノートには面会に来てくれた親友や勤めていた会社の同僚の住所が書かれていたが、拘置所で知りあった人間の住所などは一切書かれていなかった。何故なら拘置所を出てから彼らと友達付き合いをするつもりも無かったし、文通をしたいとも思わなかったからだ。

「ありません」

「こんな所で知りあったヤツとツルんだりしたらすぐに逆戻りすることになるからな。ここで知りあったヤツのことなんてキレイサッパリ忘れることだ」

そういってチェックを終えた。

「それじゃ行くぞ」

新北舎を出て接見室の方向へ歩いていくように指示された。担当官は悟の後ろをついて歩いてきた。

辺りはすっかり暗くなっていた。こんな遅い時間に接見所までの通路を歩くのは初めてだった。いつもの面会であれば階段を歩いて登り、渡り廊下を渡ってまた階段を下りるのだが、今日に限って刑務官は階段の代わりにエレベーターを使った。

「誰が迎えに来てるんだ?」

担当官が訊いた。

「わかりません。おそらく父だと思います」

「そうか、誰が迎えに来るのか聞いてないのか」

悟はあまりに急だったために、未だ拘置所を出ることができるのが信じられなかった。

誰が迎えに来てくれているのか、間違いなく父は来てくれているはずだと思ったが、母や兄、場合によっては弁護団もきてくれているのかもしれないと思った。

逆に担当官に「誰が来てくれていますか？」と聞いてみたかったが、聞いたところで「そんなの俺が知るわけねえだろっ」などと言われるのがわかっていたので聞くのはやめた。

東京拘置所に連れてこられた日に初めて入った広いフロアに着くと、再度所持品検査があった。三人の刑務官が手分けして悟の持ち物をチェックした。そして預けていた所持金を返してくれた。三人の刑務官はなにやらブツブツと言っていた。どうやらちょうど勤務の交代時間だったようだ。一人の刑務官は本来なら勤務を交代する時間なのに悟の保釈手続きが終わるまで交代できない様子だった。

入所した日に集団生活ができるか？とか病気を持っていないか？などと聞かれた横幅のあるカウンターの前に立つように言われた。

少し年輩の上官から注意を受けた。

「石原悟。本日ただいまを持って保釈とする。ただし裁判に行かずに逃げ出したりするようなことがあれば保釈金は戻らないぞ。わかってるな。もう二度とここに戻ってくることなどないように真面目に生きるんだぞ」

悟は「ハイ」と答えた。心の中では、自分はもともとココへ来るようなことは一切していない、自分は間違いでココへ来ただけだと考えていた。

刑務官の案内にしたがって広いフロアから外に出ると、外はもう真っ暗だった。中庭には芝生を囲むようにアスファルトの通路があった。

刑務官は「今日はいいか」と言って芝生を横切った。それで、悟も芝生の上を歩いて小さな建物に向かった。

小さな建物が何なのか悟にはわからなかったが、壁に貼ってあるプラスチックボードの注意事項を読むと、そこが接見に来た人間の受付所であることが何となくわかった。

「多分この外に家族の方がきてくれてると思うから。それじゃ行って」

そう言って担当官がドアを開いた。

悟は「お世話になりました」と言って、一礼し外に歩き出した。

真っ暗な闇の中でうっすらと誰かが立っているのがわかった。

所持品を入れたスポーツバッグを右手に持ちゆっくりと歩く、うっすらとした人影が徐々にハッキリとした。

「悟か」

間違いない。父の声だった。

鼻の奥がツンとして涙があふれ出た。

「ウウッ」

父に向かって一歩目を走り出した。

二歩目と三歩目を大きく踏み出すと同時にスポーツバッグを手放した。

五歩目か六歩目で父親に抱きついた。

父は「悟」と言って強く抱きしめてくれた。父も泣いていた。

「長かったな」

「ありがとう」

悟が手放したスポーツバッグを拾うもう一つの陰があった。

兄の敦だった。

今度は敦に抱きついた。

兄貴に抱きついたのは生まれて初めてのことだったが身体が自然とそうしていた。

「とりあえず良かった」

「ああ。ありがとう」

悟が敦と抱き合っている間に哲夫は松井と望月のいるさくら共同法律事務所へ電話していた。丁寧に礼を述べた後に悟に携帯電話を渡した。

「望月さん、どうも有難うございました。たった今外に出ることができました」

悟が礼を言うと望月は答えた。

「ずいぶん長い時間が掛かってしまいましたね。本当に良かったです。僕も松井と喜んでいたんです。しばらくはゆっくり休んで下さいね」

まだ無実が認められたわけではないなどということはとりあえず言わずに悟の身体を気遣ったのは、優しい望月らしい言葉だった。

今度は松井が電話にでた。

「とにかく良かった。望月同様喜んでいたところです。時間が掛かってしまいましたが、当分はゆっくり休んで下さい。また後日連絡致しますのでじっくりと打合せしましょう」

悟はその言葉を聞き、今日明日にでも何かやることがあるのではないかという心配が消えた。いたわりつつも悟が気になっている裁判の為の打合せのことを伝えるあたりは、松井らしい言葉だった。

とにかく悟は外に出ることができた。

すっかりと日が暮れた初冬の澄んだ空の下で、悟の拘禁生活は終わった。

無実の悟にはあまりに長い五ヶ月だった。

第四回公判期日

一一月二一日午後四時。四〇四号法廷。

悟が手錠をかけられずに出廷した初めての日である。

四時になっても検事は現れなかった。結局、開廷したのは午後四時一〇分であった。

まず、検察官提出の書証のうち実況見分調書の一部を松井と望月は同意した。これは悟が犯人であるかのように見立てて作ったものだが、本件現場の位置についての説明部分や見取図は客観性のあるものだった。それで、一部同意することにした。その同意部分は証拠として採用された。検察官は、この日、酒酔い・酒気帯び鑑識カード、豊田健一の容姿を写真に収めた身体検査調書、豊田所有の鞄を写真に収めた写真撮影捜査報告書及び平田の容姿を写真に収めた写真撮影報告書を提出した。いずれについても客観性のある証拠のため同意した。検事は採用された書証の要旨を告知した。検事は、豊田と平田が似ていないことを強調した。

弁護側は弁第五号証から弁第第一二号証までの書証を提出した。

弁第五号証は望月作成の写真撮影報告書。

望月は一一月一一日金曜日の深夜に品川駅へ行って、翌一二日の午前〇時から二時頃まで現場の写真を撮った。この写真撮影には悟も参加した。午前一時三六分に改札口のシャッターは閉じられ、天井や自由通路の柱にある照明器具も半灯になった。当然現場付近は暗い。写真撮影報告書には、現場で撮った写真五枚を添付し、その写真撮影の状況がわかるように現場見取図に矢印で撮影方向を明記した。

弁第六号証は当日一次会が開催された居酒屋のパンフレット。

弁第七号証は写真撮影報告書。

一一月一〇日、望月、松井、悟及び哲夫が池袋駅の近くにある居酒屋へ赴き、そこでビールのピッチャーを写真に収めた。ピッチャーは一・八リットル入りの容器であった。その写真を写真撮影報告書という形で証拠化した。

弁第八号証は二次会会場となったカラオケボックスのチラシ。

弁第九号証は悟が前に勤めていた会社の社内預金支払明細。

弁第一〇号証は悟が退職にあたり従業員持株会を脱退したことに伴う退会精算書。

弁第一一号証は預金の残高証明書。これらは悟が窃盗をする必要がないことを示唆するために提出した。

弁第一二号証は酩酊に関する精神医学的症状論をまとめた文献。

悟は酩酊等のため平田を豊田であると勘違いした。裁判官に勘違いという症状を理解してもらうために文献を提出した。文献には次のような指摘があった。

飲酒すると、大なり小なり意識障害が出現するのが、普通である。飲酒すれば、当然、知的作用にも障害が生じる。一般に、意識障害があれば、記憶障害が生ずる。酩酊中あるいは酩酊からさめたのちに、酩酊中のできごとについて、大なり小なり記憶を失っているのは、程度の差はあるが酩酊中に意識障害が出現しているからである。

望月は採用された書証をゆっくりと説明した。

書証の提出、書証に対する意見、取調べが行われた後、松井が立ち上がって発言した。

「本件は、被告人が平田氏を先輩と錯覚したのか否かが問題になっています。意識レベルのことが問題になっておりますので、弁護側としては、専門家からの意見書を書証として提出したいと考えています」

「専門家に依頼をしているのですか」

「いえ、まだですが、次回期日にはその点を報告したいと思います」

そのやり取りが終わった後、裁判官は、次回期日以降の日程を決めたいと言い出した。

松井は嫌な気がした。裁判官が有罪判決までの道筋をつけて本件を安易に処理しようとしていると思ったからだ。松井は、不安感を抱きつつも、気を取り直して、望月と互いの手帳を見比べながら、裁判官が挙げる候補日について逐一回答した。そして、次回以降の期日が平成一二年一二月二七日午後四時、平成一三年一月一七日午後一時一五分、二月一日午後一時一五分、二月一四日午後一時一五分、三月一日午後一時一五分と決定された。

閉廷後、松井と望月は悟らに裁判所の談話室で本日の法廷活動について説明をした。

松井は書証の証拠調べに関する説明をした後、専門家による意見書を作成することの意義を説明した。

「本件で立証を進めていくうえで、単に悟君の被告人質問をするだけでは足りないのではないか、やはり本件では悟君が豊田先輩と勘違いしたことが重要で、それは精神医学的な領域に関する問題が絡んでくると思います。そうであれば、精神医学に関する専門家の意見書を提出する必要があるのではないだろうか。弁第一二号証で文献を出しましたが、これでは不十分です。そう考えて、今回の法廷で意見書の提出を裁判所に提案したわけです」

「意見書を提出する必要があることはわかりましたが、作成してくれる専門家というのは誰でしょうか」

哲夫が質問した。

「今のところ、誰にお願いするか皆目検討もつきません。探さなければなりません。おそらく精神科の医者にお願いすることになると思います」

望月が付け加えた。

「意見書を作成してもらう場合、先生に作成費をお支払する必要があります」

「どれくらいかかるのでしょうか」

哲夫が尋ねた。

「お願いする先生によります。普通、裁判所が委嘱する鑑定の場合には三〇万円から五〇万円ほどかかりますね。ただ、意見書となると、その先生と相対で話して決めるしかありません。とりあえず、三〇万円程かかると心積もりをしておいてください」

哲夫は裁判というのは時間もお金もかかるものだと改めて思った。

松井は話題を変えた。

「石原さん。供述書の作成は進んでいますか」

「ええ。なるべく早く仕上げるように頑張っています」

保釈後、松井は悟に今回の件について当日の飲み会のときから起訴されるまでの出来事を時間の経過に沿って書面にまとめるようにと指示をしていた。悟がまとめた書面は後日「供述書」という表題で証拠として提出する。内容は、来る被告人質問の質問事項及び回答の原稿になる。過去に体験した事実をいざ書面でまとめるとなると大変な労力を要する。それで、念のため、悟に進捗状況を確認したのである。

「意見書を作成してくれる先生は見つかるでしょうか」

哲夫はふと不安に思った。

「探すしかないでしょう」

松井は自分に言い聞かせるようにいいながら拳を握り締めた。

精神科医

一二月二日午後六時。高山病院。

悟、望月、松井は中島直医師が勤務する病院の前にいた。

中島医師は精神科医で、検察庁委嘱による精神鑑定などを何度も行っている。

刑事弁護に精通している弁護士から紹介してもらった医師で、望月らは会う前にEメールで概要や依頼の趣旨を伝えている。

三人は最寄の駅から病院まで歩いてきたのだが、途中、少し道に迷った。予定より早く事務所を発ったのだが、少し道に迷ったため予定通りの時間になってしまった。

病院の受付に声をかけ、用件を伝えた。

二、三分程待っていると、当人が現れた。

中島医師は、爽やかな感じの青年で、年齢は三〇代半ばであった。

互いに挨拶を交わした後、診察室に通された。

中島医師は事務机の前にある椅子に腰をかけ、悟らは普段患者が座る側に腰掛けた。

松井は丁重な姿勢で切り出した。

「本日は、お時間をとっていただき誠にありがとうございます」

「いえいえ。わざわざご足労おかけして申し訳ありません」

「早速本題に入らせていただきますが、今日お伺いしましたのは、先日メールでもお伝えしましたように、本件の事件記録に目を通していただき、先生に精神医学的な見地から意見書を作成していただくことをお願いしたいからです」

引き続き、望月が事案の概要や公判の進捗状況を説明した。

望月の説明が終わったとき、じっくり話を聞いていた中島が口を開いた。

「鑑定事項はどういうことになりますか」

「二点だと考えています」

松井が答えた。

「どういう点ですか」

「はい。まずは、悟君が被害者とされる平田を豊田先輩と見間違える可能性があるか否かです。次に、飲酒の影響によって本件現場にくる過程で一部記憶に欠落があっても特に不自然ではないことです」

中島は怪訝な顔をした。

「後者は問題にならないんじゃありませんか」

「といいますと」

「飲酒酩酊によって記憶が欠落することは日常的によく見受けられることで、特に指摘するまでもないでしょう」

「確かに、飲酒による記憶の欠落は我々も日常的に体験していることです。しかし、先生もご存知のことだと思いますが、裁判所が最終的に判断するとき、被告人供述の信用性を検討します。その際、被告人の供述の中に記憶が欠落しているところがあれば、それだけで被告人の話には具体性がないので、信用できないと判断することになりかねません」

松井は平均的な刑事裁判官の思考方法を率直に語った。

中島医師は一瞬そんな馬鹿なという表情をしたが、それ以上反論しなかった。

「わかりました。それでは、二点について私なりの意見を書かせていただきます」

その後、記録の送付方法について話し合い、面会を終了することにした。

中島医師は玄関まで見送りにきてくれた。

別れ際、悟は中島医師に向かい、大きく腰を曲げて礼をした。

「先生。一つよろしくお願いします」

力のこもった礼だった。専門的な事項について自分は何もできないが、真実を貫き通すため協力をお願いしたい。そういう気持ちが込められていた。中島医師は悟の思いを真正面から受け止め、爽やかな笑顔で返した。

第五回公判期日

一二月二七日午前一〇時。四〇四号法廷。

裁判官が席につき、弁護人の方を向いて切り出した。

「酩酊により錯覚したという点に関する意見書はどうなりましたか」

「はい。意見書を作成していただく精神科医の先生にお願いし、現在、草稿まで作ってもらいました。次回期日には完成したものを提出できます」

面会した一週間後には、中島医師から草稿がEメールで届いた。A四版一頁程の量だった。弁護人両名、悟、哲夫は草稿を検討した結果、中島医師と打ち合わせをした上で、完成稿を仕上げてもらうという方針を決定した。中島医師とは打ち合わせの日程を調整しているところだ。

この日、検察官はJR品川駅構内改札付近の状況を図にまとめたものを提出した。弁護人がこれに同意したので、裁判官はこれを採用した。

松井と望月は、弁第一四号証と弁第一五号証を提出した。

弁第一四号証は、悟が高輪警察署に身柄を拘束されているときに望月宛に書いた手紙であった。六月一四日に悟が手書きで作成したもので、翌一五日望月は公証役場に行って手紙に公証印を押してもらった。公証印には公証人の氏名と日付が押される。公証人に公証印を押してもらうことで、その日に当該文書が存在していたことが立証できる。

弁第一五号証は、悟が作成した平成一二年一二月一八日付の供述書である。事件当日の出来事から刑事や検事から不当な取調べを受けた状況などを詳細にまとめたものだ。B五版横書きで一七頁程。

次に、裁判官は、乙号証、つまり捜査当局が作成した悟の供述調書関係の意見を訊いた。

「弁護人。乙号証の不同意部分については不同意を維持されるのですか」

「先日、申し上げましたように、被告人と検討した結果、不同意という意見に達しました。また、内容は被告人が自分にとって不利なことを承認したものではありませんから、刑事訴訟法三二二条で証拠能力を認めることはできません」

「裁判所としては、なるべく客観的な証拠を見たいと考えております。被告人の供述調書は通常同意していただいてますがね」

「我々は被告人にとってのベストは何かという観点から、不同意にすべきものは不同意にすると決めたわけです」

松井は裁判官に対して即座に回答した。

刑事裁判官は判決を書くにあたって、捜査段階における供述調書の些細な矛盾を挙げて被告人の供述に信用がないと断じることが多い。松井は供述調書の弊害を知り尽くしているために頑として断ったのである。

「……そこまで言われますと、それ以上同意を求めることは難しくなりますね」

裁判官は腕を組んで考え込んだ。その態度は真摯なものに見えた。傍聴席にいる哲夫は供述調書を同意してもいいのではないかという表情を示した。悟も裁判官の真摯な姿勢を見て供述調書を同意してもいいのではないかと思った。

松井は悟、哲夫及び裁判官の表情を見て、自分の意見に固執しすぎるのはよくない、悟や哲夫と相談して同意するか否かについて検討したほうがいいのではないかと考えた。

一つ咳払いをしてから切り出した。

「裁判長。乙号証の意見についてですが、不利益事実の承認という立証趣旨から供述経過に変更するのであれば、検討する余地はあります。ただ、被告人や家族と相談した上で決定したいと思いますので、若干時間を頂戴できませんでしょうか」

「いいですよ。それでは少し休廷しましょう」

松井、望月、悟、哲夫は法廷の外に出た。廊下で供述調書の同意・不同意について話し合った。まず、松井が不同意にこだわる理由を述べた。

「私が不同意にした方がいいと思うのは、供述調書を石原さんの不利益に扱われる可能性があるからです」

「その可能性はあるにしても、供述調書自体、決して不利なものではありませんよね。裁判官があそこまで言う以上、中立の立場で読んでくれるんじゃないでしょうか」

望月は同意した方がよいのではないかという意見を述べた。

この意見に悟や哲夫も同調した。

不安を払拭できたわけではない。しかし、供述調書は一貫して犯罪の成立を否定する内容になっているし、裁判官がこれらから悟の供述は首尾一貫しているので信用性が大きいと判断してくれるかもしれない。悟や哲夫も供述調書を証拠で提出した場合のリスクを十分に理解しているようだ。

「よし。それでは、乙号証を同意しますか」

「ええ、そうしましょう」

悟、哲夫及び望月は同意することに前向きだった。

松井は裁判官に協議する時間をもらった礼を述べてから、立証趣旨を供述経過に変更するのであれば同意に応じることを伝えた。

裁判官は気を良くした。検事の方を向いて言った。

「検察官。乙号証の立証趣旨を供述経過に変更するということでよろしいですね」

検事は渋りながらも裁判官の勧告に応じた。

弁護側冒頭陳述

乙号証の取調べが終わった後で、松井が立ち上がった。

「裁判官。これまで弁護側の冒頭陳述を読み上げる機会がありませんでした。今日は、まだ時間がありますので、これを読み上げたいと思います。よろしいでしょうか」

冒頭陳述とは当事者が本件訴訟で立証する命題を書面化したものである。裁判官は検察官の意見を訊くことなく了解した。松井は抑揚をつけながら叙情たっぷりな調子で冒頭陳述要旨を読み上げた。

「それでは、本件の冒頭陳述を読み上げます。

まず、被告人には動機がないことを指摘させていただきます。

被告人は、責任ある社会人として真面目に働いてきた者です。

被告人は、平成二年四月、大手ＯＡ機器メーカーの販売会社に入社し、本件逮捕勾留により辞職するまでの一〇年間、同社の仕事に従事してきました。その勤務態度は真面目で、これは会社の上司も認めている事実であります。

平成九年ころ、被告人の母方の祖父母夫婦が痴呆症になったことから、被告人が祖父母夫婦の介護の補助をするために、祖父母の家に移り住み、そこから会社に通勤するようになりました。被告人は、本件で逮捕された当時、社内預金などの預貯金として金一五〇万円ほどの現預金を有し、五〇万円ないし六〇万円に相当する会社の株式を保有していました。毎月の給与は月三〇万円程で、日々の生活を営むのに十分な収入を得ていたのです。心身ともにいたって健康です。もちろん、被告人には前科前歴がありません。

このように、被告人は、真面目な一市民として法を遵守してきた青年であり、財産的にも比較的裕福な方で、特段のストレスを受けるなどして精神的な問題を抱えていない状態でしたから、他人から現金を窃取しなければならない動機は全く存在しません。むしろ、祖父母の介護を手伝っているところから見ても明らかなことですが、被告人は、他人の痛みを理解することのできる健全な心を持った優しい青年です。心優しき被告人に、他人から現金をかすめ取るような卑劣な発想が育つ可能性はありません。

次に、本件現場に至るまでの経緯をお話し申し上げます。

平成一二年六月二日、金曜日、午後七時ころ、被告人は、仕事が終わった後、会社の同僚と一緒に、池袋駅前にある居酒屋に行きました。そこにいたのは、被告人の先輩である、豊田健一、寺崎、五味、同僚の柴山、女性、同女の女友達三名でした。豊田健一の住所は埼玉県浦和市で、被告人は、豊田の住所を知っていました。

被告人は普段酒を飲まず、酒を飲むとしても一月に三・四回程です。酒には弱い方です。

被告人は、居酒屋でビールを大瓶にして約五本飲み、この時点で酒量の限界を超え、相当酔っぱらっていました。

午後九時三〇分から一〇時の間に、被告人らは、居酒屋を出て、他の七名と一緒に居酒屋の近くにあるカラオケボックスに行きました。

カラオケボックスで、被告人は、ウィスキーのジンジャーエール割りを四～五杯飲み、かなり酔っ払っているなと自分でも認識していました。

結局、被告人らは、右同日午後一一時三〇分から午前〇時までの間にカラオケボックスを出たのですが、被告人自身は、酔っ払っておりましたので、何時に店を出たのか、どれくらいの時間店にいたのかわからなくなっていました。

被告人は、酩酊状態のまま、JR池袋駅に向かい、山手線に乗り、電車の中で寝てしまったのです。ふと気が付くと電車が見覚えのない駅に到着していました。朦朧としながらも電車を降りました。

次に記憶にあるのは西口東西自由通路付近で横になっていることです。

被告人がふと気が付くと、会社の先輩である豊田が横で寝ているのが目に止まりました。

このとき、被告人は、電車で帰ることはできないので、豊田と一緒にタクシーで帰るしかないと思いました。会社で確かめたとき財布の中には一万七〇〇〇円ほどのお金しかなかったことを思い出し、二人でそれぞれ自宅までタクシーで帰るには所持金が足りないと思い、豊田にお金を借りようと考えました。

そこで、被告人は豊田に『お金、お金』と言ったところ、豊田は『カバン、カバン』と答えました。

豊田は気持ち悪そうにしていました。被告人は、豊田が肩からかけていたショルダーバッグを体から外しました。

暗がりの中でカバンに手を入れると、まず、封筒が手に当たりました。
封筒を取り出し、封筒の中を見ると一万円札が何枚か入っていました。お金が入っているのを確認できましたので、豊田が『カバン、カバン』といったのは、このことを言っているのかと思いました。被告人は封筒から現金を出し、封筒をきちんとカバンの元のところに戻しました。被告人は、これだけあれば、二人ともタクシーで自宅に帰れると考え、これを預かり、タクシーを探すため、立ち上がりました。

このように、被告人は、借用する意図で右金員を保管するに至ったもので、平田和良所有の現金を窃取する意思はありませんでした。

被告人が立ち上がって二、三歩あるき出すと、川辺和重巡査部長が被告人に早足で近づき、被告人の左脇腹を右手で叩きました。これで被告人の目は覚めました。

川辺は、被告人を叩いて制止させるや、『今数えていたものを出せっ』と怒鳴ったのです。

そして、右手で被告人の左上腕部を掴み、左手で被告人の胸ぐらを掴みました。川辺が被告人の胸ぐらを掴んだとき、シャツの第三ボタンがYシャツの布地ごととれました。

川辺は奪うようにして被告人からお金を取ると、胸ぐらを掴んでいた手を離しました。

それで、被告人は、痛む左脇腹を左手で押さえながら、地面に落ちたボタンを拾おうと思って、その場にしゃがみ込んだのです。すると、川辺は『酔ったふりをすんじゃねえっ』と語気強く申し向けました。

これに対し、被告人は『（酔ったふりを）していません、酔ったふりなんかしてないじゃないですか』と答えました。

すると、川辺は、『なにっ』といい、手で被告人の左上腕を掴み、もう一方の手で被告人のズボンの右後ろポケットの辺りを掴んで、被告人の足を掛けるようにして同人を投げ飛ばそうとしたのです。被告人はすかさず投げ飛ばされないように構えましたので、失敗に終わりました。しかし、川辺の暴行により被告人のズボンの後ろポケットの辺りが破れました。

川辺は、投げ飛ばすのを失敗したことに立腹し、被告人を睨み付けました。

被告人は、川辺から左脇腹を殴打され、胸ぐらまで掴まれ、さらに投げ飛ばされそうになったうえ、怖い目で睨まれるなど、無抵抗の者に対する激しい暴力に、恐怖を感じました。

川辺は、興奮した様子で、言葉の一言一言が荒っぽく、暴力的な態度を示していたもので、被告人からきちんと事情を聴こうとしませんでした。

以上のとおり、被告人は、きちんと事情を説明したかったのですが、川辺が、被告人を窃盗犯人であると決めつけ、事情を聴く態度をとらなかったために、本件の事情を説明することができなかったのです。そのため、被告人は、窃盗をした事実や意思がないことを説明する機会を奪われたまま、捜査当局に身柄拘束されることになり、起訴され、今日に至っています」

松井が読み上げている間、法廷には静寂が支配していた。

裁判官はもちろんのこと傍聴席に座っている者もじっとストーリーに聞き入っていた。

このような事実関係のもとで、なぜ、悟が長期にわたって身柄の拘束を受け、さらに法廷で裁かれる身になっているのか。冒頭陳述はこの素朴な疑問をストレートに投げつけるものであった。だから、聞く者の心の襞のすみずみにまでしみわたったのである。

追加書証

平成一三年一月一六日午前一一時。さくら共同法律事務所第三会議室。

悟と哲夫が打ち合わせに来ていた。翌一七日に行われる被告人質問の準備のためだ。被告人質問は体験したことを記憶に従って話すだけのこと。しかし、いくら体験したこととはいえ、法廷という独特の雰囲気のある場で、質問に対して的確に回答することは難しい。言い方についても工夫しなければ、聞き手の裁判官に上手く伝わらない可能性がある。そのため、何度か受け答えの練習をした。

一旦、会議室の外に出ていた望月が手に紙を持って会議室に戻ってきた。

「松井先輩。検察庁からこういう追加書証が送られてきました」

東京地検から明日提出予定の追加書証がファックスで届いてきたのだ。望月は、ファックスを数枚コピーしていて、悟や哲夫にも書証を渡した。

それは、平成一二年六月一九日付作成の視認状況写真撮影報告書であった。現時点は弁護側の立証段階。検事の立証は終了している。それでも検事は悟を有罪に持ち込むためにこれでもかと言わんばかりに追加書証を提出する。そこには、冤罪であろうが何であろうが、とにかく起訴した案件である以上、絶対「有罪」に持ち込み、わが国の有罪率を維持しようという思惑が見え隠れしている。

視認状況写真撮影報告書には写真八枚が別紙に添付されていた。ファックスなので白黒である。報告書の指示説明によると、その写真は本件現場やその付近を撮ったもので、検事の立証意図は本件現場の明るさを証明することにある。

報告書には照明器具の設置状況について次のような説明があった。

「同所東西自由通路西口階段上には天井に照明器具が一六個設置されているが、写真撮影時には全て点灯していた。

犯行現認位置柱（別添見取図柱二）上には照明器具五個が設置されており、写真撮影時には点灯していた。

また他の柱（別添見取図柱三、四）には照明器具一二個が設置されており、全て点灯していた。

犯行場所後方の改札内コンコースには照明器具が多数設置されており、写真撮影時にはほとんど点灯していた」

この設置状況に関する説明は特に違和感は無かった。しかし、報告書の次の記載は疑問であった。

「東日本旅客鉄道株式会社品川駅中央改札営業主任佐山政則（四二歳）に確認したところ、『同通路上は普段照明を点灯している。六月三日も通常通り照明を点灯していた。改札内コンコースはほとんど照明を点灯しているので午前一時から午前二時ころも照明を点灯していた』と説明した。さらに同人は『コンコースと自由通路を隔てるフェンス前には午前一時過ぎにシャッターを下ろす』と説明した」

まず、悟が口を開いた。

「これはおかしいですよ。現場は暗い。通路上の柱にある照明器具が点灯していたとは思えません」

望月も相槌を打った。

「ええ。私はこの間何度もこの夜中の時間帯に現場へ行って、写真を撮っていますから、わかります。照明器具のほとんどが点灯していたというのはおかしいですよ」

松井は、会議室にある電話に飛びつき、まず一〇四で品川駅の電話番号を聞き出した。

そして、品川駅に電話をかけて、営業主任に繋いでもらうよう頼んだ。あいにく営業主任は出張で電話に出られないとのこと。代わりに品川駅中央改札にいる主任格の者に説明してもらった。

まず、営業主任田中は当時も今も照明器具を扱う担当ではないので、照明状況を説明できるとは思えないとのこと。田中が報告書に記載されているような発言をしたのか否かは不明。照明器具には全灯、半灯（減灯）、無灯とある。改札のシャッターを閉める時刻に、東西自由通路にある照明器具を全灯から半灯に変えることがある。これは現場の判断による。六月三日照明器具が全灯であったことを示す記録はない。

聴き取りの結果、検事提出予定の視認状況写真撮影報告書には、いい加減な記載のあることが判明した。悟や哲夫はますます警察に対する不信感を強めた。

第六回公判期日

一月一七日午後一時一五分。東京地裁四〇四号法廷。

「起立」

裁判官が入廷したので、廷吏が声を張り上げた。

悟、望月、松井はほぼ同時に立ち上がり、ワンテンポ遅れて検事が立ち上がった。一同礼をしてから着席した。

「今日は被告人質問でしたね」

裁判官が被告人質問を促そうとする前に、望月が立ち上がった。

「裁判長。精神科医による意見書ができましたので、これを弁第一六号証として提出したいと思います。また、被告人の半生を記した供述書を弁第一七号証として提出いたします。立証趣旨は証拠等関係カード記載のとおりです」

望月は廷吏に裁判官用、書記官用及び検事用の合計三枚の証拠等関係カードを提出した。

「検察官。ご意見は」

「いずれも同意します。精神科医による意見書といいましても単なる一般論が書かれているだけですから」

検事は意見書など大した意味がないという考えをあからさまに示した。

「いずれも採用します。それでは要旨を告知してください」

望月が立ち上がって要旨を告知した。

「弁第一六号証は、精神科医の中島医師が平成一二年一二月二日時点における本件記録に目を通した上でその専門的知見に基づく所見を示したものです。

検討事項は次の二点です。

一つは、被告人は、本件公訴事実記載の日時において、被害者を職場の先輩である豊田健一と見誤ったとしているが、精神医学的見地からみてこれはあり得るか。

もう一つは、被告人は、本件公訴事実記載の日時前後の記憶に若干の欠落が生じていたと主張しているが、精神医学的見地からみてこれはあり得るか。

関係書類によれば、次の事実が認められます。

被告人は平成一二年六月二日午後七時ころより飲酒し、被告人自身かなり酔っていると感じていました。同日午後一一時半ころカラオケボックスを出たときには、豊田らも被告人が転ぶところや目がうつろになっていることを確認していました。被告人は池袋駅よりＪＲ山手線に乗り込んだが、車中で寝てしまい、おそらく駅員に起こされて品川駅に降り立ちました。その後同駅の通路付近で寝込んでいます。そして、本件公訴事実に記載された日時である翌三日午前一時三九分ころを迎えます。被告人は被害者をこの日一緒に飲酒していた豊田健一と誤認したと主張しています。同日午前二時五〇分ころの酒酔い・酒気帯び鑑識カードによれば、質問への応答は概ね正確であり、歩行や直立は正常であったが、言語状況はくどく、酒臭が強く、顔色は赤く、目は充血していました。呼気中のアルコール濃度は〇・三〇ミリグラムでした。

被告人のこの前後の精神状態を、古典的ではありますが今なおその意義が認められているビンダーの記述に従って検討します。被告人には、突発的で著しい興奮や明白な見当識障害を生じていたわけではないので、単純酩酊であったと考えられます。そして、被告人自身かなり酔っていると感じていたこと、転ぶなどの身体機能の低下が出現していることから、単純酩酊の麻痺期に達していたことがわかります。単純酩酊の麻痺期では意識障害の一種である昏蒙、すなわち浅眠状態に近いうとうとした状態で、無関心で自発性に乏しく、領識もわるく、注意も散漫な状態。正常な意識での量的障害であり、より進行すれば昏睡に至る状態が起こります。昏蒙では精神の二次的機能、つまり認知機能が障害され、その結果として一次的機能、つまり知覚などが障害されます。

呼気中のアルコール濃度が〇・三〇ミリグラムということはそれほど深い酩酊ではありませんが、測定が当時より一時間余り経過した後であること、呼気中や血中のアルコール濃度と酩酊の度合いには個人差があることには留意する必要があります。

錯覚は意識清明な状態でも起こることが知られています。例えば、知人によく似た他人を知人とまちがえて呼び止める不注意錯覚があります。

昏蒙のような認知機能の障害された状態では錯覚はさらに起こりやすくなります。人物以外の物体を人物と見誤るといった甚だしい誤認も起こります。人物の同一性を誤認することも当然あり得るし、例えば鞄が違ってもそれを同一のものと認識することもあり得ます。認知機能の低下した状態では顔を一瞥したとしてもこの錯覚が解消しないこともあり得ます。

また、健忘は軽微なものは正常な状態でも起こり得るものですが、単純酩酊時には概括的な記憶しか残らず、あるいは粗大な記憶の欠損が生じることもあります。

本件公訴事実の時刻は、入眠していた被告人が覚醒した直後であった可能性が高いといえます。それは酩酊に加えて意識レベルの低下をもたらし得る要素となります。意識レベルは変動しますので、比較的清明で錯覚や健忘が起こらない時期とこれがよく起こる時期が交代に出現しても矛盾はありません。

結論としましては、

本件公訴事実記載の日時において、被告人が、被害者を知人と誤認するというような錯覚が生じていた可能性はあります。

そして、被告人において、本件公訴事実記載の日時前後の記憶の欠損が生じていた可能性はあります」

望月はほぼ全文を読み上げた上で意見書を提出した。意見書は、中島医師が作成したものに参考資料としてビンダー論文の訳文が添付されていた。

引き続き弁第一七号証の供述書を提出した。

これは悟が一二月にまとめたもので、彼の半生を綴ったものである。彼の家族構成、両親や兄弟に対する思いや愛情、小学校時代から学生時代までの思い出、今回の起訴によってはからずも退職を余儀なくされた勤務先での勤務状況や退職したときの辛い気持ちなどが連綿と綴られていた。小学校や中学校のとき、彼の通学先には障害者学級があり、悟は障害者学級に通う生徒と登下校を共にしたり、一緒に花壇で園芸をしたことがあった。社会人となった後、勤務先ではトップセールスをあげるなど頑張っていた。

これはまさに悟の人となりを知るには格好の材料であった。松井や望月は裁判官に少しでも悟の人となりを知ってもらって、彼が卑劣な行為に及ぶタイプではないことを訴えたかったのだ。悟は、過去の記憶を手繰り寄せながら自分の半生記とも呼べる供述書を書き上げた。

望月による要旨の告知が終わると、検事が立ち上がり、甲第二〇号証として問題の視認状況写真撮影報告書を提出したいと言った。

「弁護人。ご意見は」

望月が立ち上がって答えた。

「不同意です」

検事は苦々しい顔をした。

「これは実況見分調書の性格を有していますので、真正立証として、作成者である警察官守口信之の尋問を請求いたします」

「弁護人。ご意見は」

「しかるべく」

「では、証人守口の尋問を採用し、これを次回の公判期日に行います」

被告人質問

「さて、それでは被告人質問に入りましょう。被告人は前の席に着席しなさい」

裁判官が証言台席に移るよう促した。悟は命令に従った。

「弁護人どうぞ」

松井が立ち上がって質問を始めた。

平成一二年六月二日金曜日の飲み会のことから質問した。

悟は落ち着いた態度で、松井の質問をじっくり聞いてから、質問に対して端的に答えた。

問答形式に慣れていない人は質問に対して理由から答えようとする。悟は事前に望月や松井からまず結論から答えるよう何度も注意を受けてきた。その成果が被告人質問に如実に表れている。

悟は当時の記憶を喚起し、記憶にあることはその記憶に従って答え、記憶にないことは憶えていないと答えた。

松井からの質問に対して、淡々と答えた。誰が見ても、悟が話す態度は真摯なもので、誰か人を騙してやろうなどという姿勢は微塵もみられない。

川辺から暴行を受けた話しになっても冷静な態度に努めた。悟は法廷で川辺に対して罵ってやりたいと心の中で叫んでいた。しかし、それでも努めて冷静な態度で回答した。

松井の質問が終わった後、検事が立ち上がって質問を繰り出した。

まさに重箱の隅をつつくような質問だった。

悟は当時酔っ払っていた。酔っぱらっていた当時のことを細かいところまで記憶しているわけはない。それは酩酊した体験のある者なら誰でも判ることだ。しかし、検事はそんなことはお構いなしに枝葉のような質問を繰り返した。

五時近くになった時点で、裁判官は検事の質問を止めた。検事はあと四五分位質問する必要があるなどと言った。それで、次回期日に、守口証人の尋問が終わった後で、検事からの質問の続きを行うこととなった。

第七回公判期日（真正立証）

平成一三年二月一日午後一時一五分。四〇四号法廷。

守口警察官は宣誓文を読み上げた後、証言台に着席した。

守口は甲第二〇号証の視認状況写真撮影報告書なるものを作成した警察官だ。その報告書に添付されている写真は、当時川辺が悟の行動を見たという状況を再現するものが含まれていた。その写真は余りにも明るすぎる。現場の暗さを知っている望月らからすれば、視認状況が良かったことを演出するために工作したというほかなかった。

検事からの主尋問でも、視認状況写真撮影報告書に矛盾があることが指摘された。

報告書には撮影時刻が午前一時二〇分から一時四〇分と書かれていたが、八枚の写真のうち二枚目の写真に時計が写っており、針は終電までまだ三〇分近くある一二時五五分を指していた。

弁護人の反対尋問では、守口警察官は写真毎の撮影時刻を知らないこと、改札口のシャッターが開いていてそこから光が届く状況で撮ったことが判明した。悟が逮捕されたときは終電後で、改札口のシャッターが閉まっていた時のことだから、守口警察官が撮影したときと明るさが異なるのは当然である。結局、反対尋問によって、視認状況写真撮影報告書は当時の視認状況を判断するにあたって余り参考にならないことが浮き彫りになった。

守口尋問が終わった後、悟に対する検事の質問が行われることになった。

検事は弁護側の質問をなぞるような形で質問した。合間に裁判官が横槍を入れるような質問をした。悟は検事や裁判官から根掘り葉掘り訊かれることに対して、つとめて誠実に回答した。もちろん、憶えていないことは素直に憶えていないと回答した。

最後の方になって裁判官は興味深い質問をした。

「酔っ払って寝ちゃうと、よく前の日のこととか忘れるでしょう。どこで何をやってたとか、それでもって何か記憶が全部飛んじゃったというようなこと。酔っ払って寝ると記憶をなくすことがあるというのはわかる」

「酔っ払って寝て、記憶がないということはわかります」

「経験ある？」

「あります」

「あなたとしては、今回の件はそれとは違うわけね」

「……その日に品川駅で非常に眠たかったというのは覚えていますが、署に着いてから、留置場の中で寝たという記憶はありませんので、酔っ払った後に寝たから記憶がないのかと言われれば、そうではない部分もあると思います。品川駅で目が覚めたときというのは寝ていたわけですから、そういった部分で、酔った後寝ていたので記憶がないといわれれば、そういうことになるかと思います」

「ただ、それは品川駅の改札を出るまでの話しだね」

「そうです」

「だから、それ以降というか、ホームのところで目を覚ましてからの記憶については、眠っちゃったんで、記憶なくしましたという話しではないということになるんですね」

「そうです」

裁判官は悟に有利な心証をとろうとしているのか、それとも逆なのか。皆目見当がつかなかった。ただ、一つ言えることは、当初結審に向けて迅速に審理を進めようとしていたが、この最後の局面に至って、緩いテンポで進める方針に変わったことだ。当初、二月一四日には検察官の論告求刑を行う予定だったが、その日は、書証等の整理をすることにしようと言い出したのだ。

第八回公判期日

二月一四日の公判期日には、検事から現場での照明状況に関する書証が提出された。弁護側は弁第一八号証として望月作成の報告書を提出した。これは、東日本旅客鉄道株式会社東京支社総務部法務課宛に書面で質問したことに対する回答書である。これによれば、平成一二年六月三日（六月二日深夜）の改札口シャッターの閉鎖時間は午前一時三〇分、同年六月一九日（六月一八日深夜）の閉鎖時間は午前一時三五分とのことで、シャッターの閉鎖時間とは改札口にあるシャッター四枚をすべて下ろし、かつシャッターの鍵を閉めた時間のことであり、シャッターを閉めた後、現場の判断で東西自由通路を半灯

（減灯）にするとのことであった。

この日、裁判官は、弁護側に、被告人質問調書を踏まえて、精神医学的な見地からさらに意見書の補充を提出してもらいたいと要請した。いざ判決を書くにあたり、現時点での証拠構造では無罪判決を書くのは躊躇するが、さりとて有罪の心証もとれないので、もう少し証拠調べをしたいという意向であろうか。

裁判官は、一旦、指定していた三月一日の公判期日を取り消し、次回の公判期日を三月二一日午前一〇時に行うことを決定した。

二月一四日以降、望月らは、中島医師とメールで連絡を取り合った。しかし、中島医師は、補充書を作成する必要性について首を傾げていた。作成の趣旨を明確にして欲しいと望月らに頼んだ。

それで、望月と松井は、三月二一日の公判期日前に、裁判官に意見書の補充を作成する趣旨が不明確であるから、これを明確にして欲しい旨をファックスで送信した。

第九回公判期日

平成一三年三月二一日午前一〇時。四〇四号法廷。

開廷後、裁判官は、開口一番、弁護側に意見書の補充を求める趣旨を明らかにした。

「裁判所としては、覚醒直後に被告人が誤認したのはわかるが、被害者から鞄をはずしたり、被害者に声を掛けたり、いろいろな行動をしているので、その途中で自分が人違いをしていることに気付くのが自然ではないか、精神医学的に見て気付かないということがあるのか。その点に疑問を感じているので、被告人質問調書を踏まえて、補充してもらいたいと考えています」

この日、弁護側は、弁第一九号証から弁第二一号証を提出した。

弁第一九号証は望月作成の写真撮影報告書三である。これは、悟と望月が平成一三年三月八日午後一一時四七分から翌九日午前一時四二分までの間、本件現場が暗いことを明らかにするために写真に撮ったものだ。フラッシュを使用せずに撮ると写真は現場が暗いことを示している。このとき携帯用照度計も使用して照度を測定した。測定の結果ほぼ〇ルクスであった。

弁第二〇号証は、現場が極めて暗かったことを悟が記述した供述書である。検察官が提出した警察官守口作成の視認状況写真撮影報告書を弾劾するための証拠である。弁第二一号証は、望月が平成一三年三月一二日に東日本旅客鉄道株式会社に電話したときの聴取結果をまとめたものだ。JR品川駅中央改札口付近の改札内コンコースにおける照明状況について事情を聴取したもの。現場の照明は、コンコース内の改修工事や特別清掃があるときは全灯にするが、その作業がないときは半灯にするとのことで、平成一二年六月三日（六月二日の深夜）には改修工事や特別清掃がなかった。このことから、当日は改札内コンコースの照明も半灯であったと考えられる。当然、現場は暗いはず。

望月は、これらの証拠を提出したところ、検事から同意を得たので、要旨を告知した。

閉廷前に、裁判官はいささかショッキングなことを話した。

「実は、私は今度の三月に異動しますので、裁判官が交代することになります」

なるほど、これで合点がいった。

裁判官の異動がわかるのは二月ころだ。裁判官は自分が異動することがわかり、判決を書くことを遅らせるために、審理のスピードを緩めたのではないか。そのような疑念が頭に浮かぶ。

刑事訴訟規則は、担当裁判官が交代すると、原則として、弁論の更新手続を行うべきであると規定している。原則的な更新手続は、従前取調べた証拠や証人調書等を新しい裁判官の前で丹念に読み上げるという作業である。しかし、実務では、そのような面倒なことを行わず、省略していることが多い。交代した裁判官が「弁論を更新するということでよろしいですね」と言うだけで終わっている。

確かに、一から全てを読み上げるとなると、膨大な時間がかかってしまう。

しかしながら、膨大な時間がかかるからといって、一言で済ますのでは、刑事訴訟規則の趣旨が失われてしまう。交替した裁判官が重要な証拠やその証拠の価値を十分に認識できないまま判決を書くと、誤判が生じる可能性は大きくなる。

そこで、松井や望月は、重大な証拠や調書の記載を取り纏めた更新意見書を作成し、これを読み上げることで弁論の更新手続を行うことを求めた。

藤山裁判官は更新手続のための期日を指定することを躊躇した。交代する裁判官に迷惑をかけることになると考えたからだ。松井らが次回期日に更新意見を述べる必要性を説いた結果、藤山裁判官は、渋々ながら、次回期日に更新意見を述べる時間を与えることを了承した。

進行協議

平成一三年四月一九日午前一二時。東京地方裁判所刑事第九部書記官室。

松井と望月は、今後の進行の確認と交代する新しい裁判官がどのような人であるかを知るため、予め裁判所に連絡して、進行協議期日を開いてもらうことを提案した。

裁判所は、これを受けて、四月一九日に会議を開くことを了解し、裁判官、検察官及び弁護人の三者会議を設定した。

会議室には中心に長方形のテーブルがあり、その周囲に六脚の椅子が配置されていた。部屋の片隅には相変わらず冷蔵庫と一升瓶が置いてあった。

松井と望月が入口奥の方の椅子に座り、その対面に検事が座っていた。検察官も交代したようで、前と違う検察官だった。新しい検察官は物腰が柔らかく、公家のような顔立ちをした男だった。

悟は刑事第九部書記官室前の廊下にある椅子に座って、会議が終わるのを待っていた。悟も一方当事者としての立場で進行協議に参加しようと思っていたが、裁判所が被告人の入室を拒絶したので、会議室に入れなかったのだ。内心納得できなかったが、お上である裁判所に逆らってもという意識もあって、特に異を唱えなかった。

裁判官と書記官が会議室に入ってきた。

裁判官は三〇代前半の女性であった。一見すると、べろんべろんに泥酔した経験など一回もなさそうなタイプだった。後で調べたところ、今年の四月で六年目を迎える判事補で、東京地裁に転勤する前の三年間は福岡地裁小倉支部の民事部に所属していた。要するに、今月から刑事裁判官として仕事をするわけだが、先月まではずっと民事裁判官として仕事をしていたのだ。

互いに挨拶を交わした後、松井は早速本題から切り出した。検事は松井の発言内容についてメモを取りはじめた。

「担当裁判官も担当検察官も交代されましたので、まずは、従前の経過を知る私ども弁護人の方から次回期日や進行について簡単に説明させていただきます。

いま、次回期日に提出する予定の更新意見書を作成しているところです。弁護人作成の更新意見書と被告人作成の更新意見書をそれぞれ提出する予定です。更新手続については、これらの更新意見書を読み上げるという形で行いたいと考えております。時間としては、両方の意見書を読み上げるのに一時間はかからないと思います。

前回期日まで、本件現場での暗さが一つの争点になっていました。弁護人としては、必要性についてやや疑問を持ってはいるのですが、裁判所が現場での暗さや明るさについて是非現場検証をするべきであるとの見解であれば、特に異論は申し上げません」

ここで、裁判官が口を挟んだ。

「裁判所としては、その点について現場検証をするまでもないと考えております」

「わかりました。

本件では、被告人が平田氏を会社の先輩であると誤認したのか否かが争いになっております。この点では、既に弁号証として意見書を提出しておりますが、更新前の裁判官が被告人質問調書等の証拠を吟味した上で、意見の補充書を提出して欲しいと言いましたので、従前依頼した精神科医の先生に作成を委嘱しました。既に補充書をいただいておりますので、それを次回期日に書証として提出いたします。因みに、精神科医の先生は検察庁からもよく精神鑑定等の鑑定依頼を受けている方です。

意見の補充書を提出させていただくわけですが、現在、弁護人の方では、意識レベルに関する専門的知見をより正確に裁判官に理解していただくため、先生を証人として申請するかどうかを検討しております」

ここで、また裁判官が口を挟んだ。

「その点は書証ですませて下さい。証人尋問を行うというのではなく、書証という形で結構です」

どうやら、この女性裁判官は証人尋問を余り好まないようだ。確かに証人尋問は時間を拘束される。その分事件を処理する時間が割かれる。自分の時間を有効に使えなくなるのは嫌という考え方なのだろう。

「書面では書ききれないニュアンスなりがあると思いますので、専門家による証人尋問の必要性は少なからずあると思いますが」

「ニュアンスも含めて書面の形で提出してください」

女性裁判官の態度は頑ななものだった。

「証人尋問の請求をするか否かは被告人と相談した上でどうするかを決めたいと思います」

松井がそう言うと、女性裁判官は冷ややかな視線を送った。被告人如きと方針を相談する必要などないだろうという表情だった。

女性裁判官は一呼吸置いてから口を開いた。

「本件の争点は故意の有無だけですね」

松井はこの発言に何か引っ掛かるものを感じた。争点は一つだけだから、簡単に処理できるというメッセージが含まれているように思ったのだ。松井は回答するタイミングを失した。代わりに望月がはいと返事をした。

「裁判所としては被告人に何点か質問しようと考えています」

弁護人両名も検察官もこの意見に異を唱えなかった。

「検察官の方では追加立証を考えていますか」

「いえ。特に考えておりません」

三者会議が終わった後、望月が悟に会議での状況や今度担当する裁判官が女性であることを説明した。悟は少し表情を曇らせた。女性裁判官が自分の酩酊状況を理解してくれるのか疑問だ。従前の裁判官は飲酒によって酩酊した体験を持っていたようだった。しかし、はたして三〇代前半のエリート女性は酩酊した体験を持っているのだろうか。一抹の不安が残った。

弁論更新

平成一三年五月一四日午前一〇時。四一一号法廷。

竹宮裁判官が裁判官席に着席し、第一〇回公判期日を開廷した。

松井が立ち上がり、弁論更新にあたって、弁護人及び被告人は各自意見を述べたいと申し出た。裁判官がこれを許可したので、松井はメリハリをつけながら更新意見を述べた。

まずは、単刀直入に結論と問題点を指摘し、それから証拠の説明を始めた。

被告人悟の供述が捜査段階から一貫していることや、法廷での供述内容が具体的で、その供述態度が真摯なものであったことを指摘して、悟の言うことが信用できることを訴えた。

事実は証拠で認定する。これは裁判の基本である。

検察側の証拠と弁護側の証拠が対立する場合、その証拠が持つ価値が重要な決め手となる。その価値とは証拠の信用性である。本件では、被告人が当時どのように認識したのかがポイントであるから、弁護側は、悟の供述が信用できることを指摘することにしたのである。

そして、松井は、悟の供述を信用できるか否かを判断するにあたって、精神医学的な知識をも踏まえて考えるべきであることを訴えた。捜査機関はこの点について何ら調査せず、安易に起訴に踏み切った。裁判所が同じ轍を踏んではならないことを示唆する意味でこの点を強調したのだ。

この精神医学的な知識は、精神科医師中島直作成の意見書で補充すべきであると言って、意見書のポイントを説明した。飲酒酩酊していたことに加えて入眠していた悟が覚醒したばかりであったから、被害者を知人と誤認するという錯覚が生じたのであり、この可能性は十分あることを意見書は示唆している。

続けて、悟が犯人であると断定するには極めて不自然な事実を指摘した。

悟が被害者のすぐ隣で封筒から取り出した紙幣を数えたこと、封筒を鞄に戻したこと、被害者の鞄の中には銀行預金通帳、実印、現金六〇〇〇円在中の青色財布があったが悟は一切これらに触れていなかったことである。

そして、検察側の最重要証拠に対して、これが信用できないことを説明した。

川辺証人の証言のことである。

川辺はシャツ、ボタン、そしてズボンという客観的証拠を突きつけられたにもかかわらず平然と知らないと言って、嘘をついたのである。また、被害者平田調書とも川辺が平田に声をかけた時の状況が異なるなど決定的な点で矛盾したことを証言した。この不誠実な態度から、川辺証言を信用するべきではない。もちろん、逮捕した当人だから、自らの行動を正当化するために事実を誇張して話すことは十分考えられる。松井は、川辺証言の問題点を丹念にあげたうえで、次のように結論付けた。

「以上のとおり、川辺証言には客観的証拠や経験則に真っ向から反する証言が多数あり、証人としての誠実性に著しく欠けているというほかなく、また本件当時川辺は興奮しすぎていたため、自分が知覚したことを正しく解釈できず、かつ冷静な判断をすることができなかったので、その知覚や記憶自体にも誤りがあります。したがって、川辺証言を全面的に信用することはできません」

証拠のポイントをまとめた意見を述べた後、悟を一人の人間として見てもらいたいがために、次のような文章で締めくくった。

「最後に、被告人は、真面目な一市民として法を遵守してきた青年で、財産的にも比較的裕福な方で、特段のストレスを受けるなどして精神的な問題を抱えていない状態でしたから、他人から現金を窃取しなければならない動機は全く存在していません。むしろ、祖父母の介護を手伝っているところから見て明らかなように、被告人は、他人の痛みを理解することのできる健全な心を持った優しい青年です。このような心優しき被告人に、他人から現金をかすめ取るという卑劣な発想が生まれる可能性はありません」

更新意見

松井が着席すると同時に、悟が証言台の方に近づき、裁判官を真正面から見据える位置に立った。悟は、歯を食いしばり、全身から気合を発していた。何としてでも自分が無実であることをわかって貰いたい。この事実を、この心からの叫びを裁判官に伝えたかった。

悟は意見をまとめた書面を見ながら訴えた。

「私は無罪です」

ここで一呼吸置いた。

「本件当時私が普段飲み慣れない多量の酒を飲み酔っていたことや睡魔に襲われたことは、以前提出した供述書に書いたとおりです。現場に至るまでや現場での出来事の流れを述べたいと思います。

酔いつぶれ、知らぬ間に電車を乗り過ごし、いつの間にか眠り込んでしまった私が眼を覚ますと、すぐ右となりに会社の先輩豊田健一氏がうなされていました。気持ち悪そうに倒れていました。

私は本当に親切にしてくれる豊田さんを助けると言ったら大袈裟ですが、それに近い気持ちでした。

私の隣り、手の届く距離に豊田さんは寝ていました。

私は全く疑うことなく当たり前のように豊田さんだと思っていたのです。

冷静に考えて、酔っていた上極度に眠かった私が暗がりの中で自分の手の届く所に倒れている人間が自分の知り合いであると誤認したことは何も不思議ではないと思われます。

広い駅の構内で、わざわざ寝ている私の隣り、手の届く距離に横になっているひとがいるとすれば、私に向かって気持ち悪そうにうなされている人がいるならば、それは知り合いだと思ってしまっても致し方ないと思います。

豊田さん、と声を掛けると、『んんっ』と言っていました。

暗がりの中で呼びかけて返事をしたのです。

それでも誤認したことは不自然だというのでしょうか。

私は逮捕された直後から一貫して同じことを言っています。高輪警察署の留置場で受けた弁護士からのアドバイスに従い日記をつけていました。覚えている事実を早い段階で正確に書きとめていたのです。

取調べでは私の話しを聞いてもらえぬまま悔しい思いをしました。

川辺氏が作成した現行犯逮捕手続書には、私が平田氏に触れた点については『被害者の左ポケットの上から手を当て中身を確認するようなしぐさをしていた』としか書かれていません。しかし、後に証言台に立ったときには私が背広やズボンの両ポケットを探ったように証言しています。川辺氏は言っていることが明らかに変わっているのです。それは自分の間違いを認めず、私を犯罪者に仕立て上げるために説明が変遷したというほかありません。

川辺氏は私達の言葉のやりとりや私が目覚めた場面などを全く見ていなかったのだと思います。私と川辺氏は八メートルも離れていたのですし、その間には数人の通行人がいたのですから。

検事は川辺氏に、その場の暗さなんですが、どの程度だったか、たとえば証人から被告人の顔がはっきり見えましたかと質問しました。川辺氏ははいと答えました。

そのときですが眼鏡をかけていたかどうか覚えていますかという問いに対して、川辺氏はかけていたと思いますと答えています。

当日、私はコンタクトレンズを使用していました。調べれば簡単に判ると思いますが、眼鏡は後に高輪警察署の留置場で父が差し入れてくれました。

眼鏡をかけていたかどうかも判らない程に遠かった、暗かったということです。違うというならば川辺氏は証言台で嘘をつく人間だということです。

平田さんのいる前でお金を数えたということですねという質問に対して、川辺氏は『はい』と答えました。

普通に考えてください。

たすき掛けを外すために相手の上体を起こし、鞄の中から取り出した現金を相手の目の前で数える泥棒がいるでしょうか。捜査の副担当検事は泥棒だと考えたのですから悔しくて仕方ありません。

　川辺氏は平田氏のことを『サラリーマン風ということではなかった』という一方で、『会社員風の男だった』と矛盾する証言をしています。サラリーマン風ではなく会社員風の男とは一体どんな男でしょうか。川辺氏は場当たり的な証言に終始したわけです。彼は嘘をついてでも自分の間違いを認めず、私を犯罪者に仕立て上げる人です。

　タクシー乗り場を探すために一時的にその場を離れようとした私に対して、川辺氏は『おいっ』という言葉とともに私の左脇腹を強く殴りました。私のYシャツのボタンが布地ごと弾け飛ぶ程強く胸倉をつかみ、私を投げ飛ばそうとしました。物的証拠として、Yシャツ、弾け飛んだボタン及び破れたズボンを提出しました。

　どやしつけたりとかではなくて、被告人に丁寧に接するなりしてきちんと事情を聞こうという態度で接したことはありますかという質問に対して、川辺氏はこう答えています。

『丁寧な態度とはいえなかったかもしれません。私も興奮していましたから』

すなわち、川辺氏は興奮し、本来の職務である冷静に事情を聞くという基本的な行為さえ忘れていたのです。彼はいつも興奮する性質の人間なのでしょうか。

彼の興奮状態は私の取調べが一段落し留置場に連行されるときにもまだ続いていました。『へっ馬鹿が人生棒に振りやがってよ』という悔しい言葉を浴びせられました。

警察は平成一三年六月一九日に甲第二〇号証視認状況写真撮影報告書というものを作っていました。写真は不自然に明るく作為的なものでした。

改札と自由通路を挟むシャッターは開いていましたかという質問に対して、川辺氏は下りていましたと証言しました。

川辺氏は現場のシャッターが下りていた事実を知っていたのです。

しかし、川辺氏は、視認状況撮影報告書で立会人として同行し、改札口のシャッターが閉まる前の明るい写真を撮るよう指示しています。現場は改札口のシャッターが閉まり照明が半灯になってから暗くなるのです。それが本件の現場の暗さでした。

時期の問題もさることながら、不自然に明るい写真まで提出するというのは誤魔化しです。

間違いを認めないばかりか、嘘までついて正当化しようという警察の姿勢は本当に許すことができません。

裁判官が交代するということで、弁護団が更新意見書を作成してくれました。専門的な内容で立派なものです。

今回の件で私は五ヵ月間という長い間勾留されました。

身体を拘束されていた間は、一緒に暮らしていた九四歳の祖父、足の不自由な祖母をはじめ家族のことが心配でなりませんでした。そして、一〇年間勤めていた会社も辞めざるを得ない状況になりました。

私を心配してくれる大勢の人を一刻も早く安心させたいと思います。

自分の名前の前に必ずといっていいほど『被告人』という冠がつくのは本当に辛いことです。本当に心苦しい毎日です。

警察が言ったように、警察のストーリーに従えば早く出れて楽だったのかもしれません。

しかし、私は無実を明らかにして身の潔白を晴らしたい。

どうしても自分の考えを自分の言葉で交代した裁判官に聞いていただきたくて意見を述べました。

繰り返し結論を申し上げます。

私石原悟は無罪です」

悟は感極まって目に涙を浮かべている。辛い日々を振り返りながら意見書を読み上げたので、万感の思いが込み上げてきたのだろう。

傍聴席で黙って聴いていた父哲夫も涙をこらえている。

弁第二三号証

感動の余韻が消えてから、望月が立ち上がった。

「弁第二三号証として精神科医の意見補充書を提出したいと思います」

「検察官。意見は」

「同意いたします」

「では、弁護人。要旨を告知してください」

「これは弁第一六号証意見書を作成した中島医師の補充的な意見書です。

検討事項は次のとおりです。
一　被害者を豊田健一と見誤った状況が継続することがありうるのか。一般に、一旦見誤ったとしても覚醒直後に気付くものではないのか。
二　被害者と豊田健一の写真撮影報告書を比較検討したうえで、両人の顔等の差異が誤認の可能性があるとの結論に影響するのか。

三　当時の照明状況・照明程度は昏蒙にある被告人にどの程度影響を及ぼすのか。

中島医師は、以上の検討事項について、本件一件記録を精査した上で次のような検討結果を示しています。

被告人は、被害者に声を掛けた時点から、警察官川辺に接触された時点までの間、被害者を豊田健一と誤認し続けたということである。

この間の時間がどれくらいだったのだろうか。

川辺調書によると、『物色を始めてから封筒を取り出すまでの間が一、二分の間だったと思います』となっており、また川辺証人が最初に被告人を見かけたのは一時三七分、逮捕時刻は午前一時四〇分である。

これらから、被告人が被害者に声をかけてから川辺と接触するまでの時間は長くても三分間であると考えられる。

問題は、この三分の間、錯覚が持続することがあり得るかということである。

結論から先に言えば、その可能性は十分にある。

本件被告人においては、本件公訴事実記載の日時において、意識レベルの低下が起こっていたと考えられ、それに基づいて錯覚が生じた可能性がある。この意識レベルの低下は飲酒酩酊による昏蒙と覚醒直後であることによってもたらされたと考えられる。覚醒した直後であることによって生じる意識レベルの低下は三分ほどの時間経過によって多少とも改善する可能性がある。

しかし、飲酒酩酊による昏蒙は、一般には数時間の経過で改善してくるものであり、三分ほどの間では本質的に変わるものではない。意識レベルは変動するものであるが、三分ほどの間、同じ程度の意識レベルの低下が続くことは不自然ではない。同様に、この意識レベルの低下に基づく錯覚も、持続する可能性がある。

意識レベルの上昇をもたらすもっとも有効で簡便な手段は刺激である。

被告人は直後に川辺の接触を受けた。この接触は、被告人の言うように、左脇腹にパンチを受け胸倉をつかまれたというものであったか、川辺証人の言うように、警察手帳を示し『警察だけど今現金を盗んだな』と告げ、被告人が自分で床に横になったので『逮捕する』と告げ、腕を引っ張って起こそうとし、起きないのでポケットの金を取り出して『この金は何だ』と質問したものであったかは不明である。しかし、いずれであるにせよ、被告人の意識レベルの上昇をもたらすのに充分な刺激である。この後に被害者を見た被告人は、それが豊田健一でないことに気付いたとしている。意識レベルの上昇により錯覚が消失したと考えることができる。

次に顔の差異と誤認については次のとおり。

一般的に、顔が似ていれば誤認はもちろん起こりやすいし、大きく違っていれば起こりにくいといえる。

しかし、既に一月六日付意見書でも述べたとおり、人物以外の物体を人物と見誤るといった甚だしい誤認も起こりうるのである。被害者と豊田を見誤る可能性については両者の外見の違いはどうあれ、これを否定することはできない。

照明と誤認の関係については次のとおり。

一般論として、暗い方が誤認はもちろん起こりやすく、明るい方が起こりにくい。しかし、錯覚は晴天の日中の屋外でも起こり得る。照明がどれほどであったにせよ、誤認が起こる可能性を否定することはできない。

結論は次のとおり。

被告人が本件公訴事実記載の日時において、被害者を豊田健一と見誤り、その後しばらくの間その錯覚が持続することはあり得る。

被害者と豊田健一につき、両者の外見の違いはどうあれ、この両者を見誤る可能性はある。

錯覚は、暗い方が起こりやすいが、明るくてもそれが起こる可能性を否定することはできない。

以上です」

望月が着席した。

裁判官が口を開いた。

「進行協議でも言いましたが、次回期日には補充的に被告人質問をしたいと思います。ご意見はいかがですか」

「しかるべく」

と検事は答えた。

「特に異議はありません」

望月はそう答えた。

裁判官はさらに言った。

「次回期日に双方からご意見をうかがうということでいいですね」

意見とは、検察官が論告求刑を行い、弁護側が弁論要旨を述べることである。松井はすかさず立ち上がって異を唱えた。

「次回期日は論告求刑だけにして、弁論は次々回期日でお願いしたい」

裁判官は自分の進行意見に異を唱えられ気分を害したようだ。

「どうしてですか」

「弁論には検察官の論告に対する反論も指摘したいと思います。ですから、是非、別の期日でお願いします」

裁判官はあからさまに不機嫌な表情をしたが、渋々ながら、松井の進行意見を採用した。

「それでは、次回期日に被告人質問と論告求刑を行い、次々回期日に弁護人からの意見をうかがって結審。こういう進行でよろしいですね」

検察官も両弁護人も双方頷いた。

「本日はこれで閉廷します」

裁判官は足早に法廷から立ち去った。

補充質問

平成一三年六月六日。東京地裁四〇四号法廷。

悟は弁護人席の前にある被告人席に座っていた。

やや緊張した面持ちだ。法廷という場で発言するのは緊張してしまう。パンクラスのリングに上がる前の緊張感と似ている。法廷での一言一言が今後の人生を左右するのだから。女性裁判官は自分のことをきちんと理解してくれるのだろうか。裁判官は俺に何を求めているのだろうか。何を引き出したいのか。裁判官の意図が分からなかった。不安だったし、正直言って怖かった。

竹宮裁判官が入廷し、裁判官席に着席した。

弁護人二名及び検事はそれぞれの席に座っている。

竹宮裁判官は、本日は悟への補充質問をする予定であったことを、確認する意味で告げた後、悟を証言台席の椅子に座らせた。悟は居心地悪そうにしながら手を膝の上に置いて、裁判官からの質問を待った。

そして、裁判官はおもむろに質問を始めた。

「本件事件の前日の飲み会なんですけれども、人数を確認しておきたいんですが、男の人が四人いたんですね」

「そうなります」

「豊田さんが遅れてきて、最初は寺崎さんと被告人と五味さん、男性のメンバーはその三人だったんですね」

「そうです」

「カラオケボックスに行ったときには八人とも全員行きましたか」

「その時点では明確な記憶はありません」

悟は記憶がなくて申し訳ないという感じで回答した。

「人数も判りませんか」

「誰も帰ったという記憶がありませんので八人いたのではないかと思います」

「解散した記憶はなくて、その次に覚えているのは電車の中になるんですか」

「そうです」

「そのときに、近くの駅員さんがいた記憶は確かなんですか」

「駅員さんと断定できるものではないんですが、どなたかいらっしゃったというのは確かです」

「周囲にいた人たちについて覚えていることはありませんか」

「ありません」

「すぐ近くに誰が座っていたとか、そういうことは一切覚えてないんですか」

「覚えていません」

「誰かと一緒だったという記憶もありませんか」

「ありません」

「その後、改札口を通ったのは覚えていないということでよろしいんですか」

「はい。改札を通った記憶がありません」

「何駅で降りたという記憶はありますか」

「ありません」

「次に記憶があるのは地面の上で目が覚めたときですね」

「はい」

「目が覚めたとき、付近に人気はありましたか」

「はい、それは覚えています」

「周りはどうでしたか」

「何人か自分の目の前を一人、一人という感じで歩いているのは覚えております」

「大体の感じでいいんですが、何人か歩いていたというのは非常にまばらな状態ですか」

「そうですね」

「しばらく、その歩いている人達を見てたりしたんですか」

「目で追ったというのではなく、自分の目の前を歩いたので目に入ったということです」

「被害者がうなされているのを聞いたということなんですが、あなたが目が覚めてから、うなされているのを聞くまでの時間はどれくらいですか」

「……わかりません」

悟は少し考えてから答えた。裁判官は質問を続けた。

「印象として、しばらく時間がありましたか」

「印象としてはそれほどの時間があったとは思ってません」

「豊田さんがうなされているというふうに思ったということなんですが、このときの飲み会では、あと男性は寺崎さんと五味さんがおられたはずなんですが、なぜ豊田さんだと思ったのですか」

一瞬、悟は顔をしかめた。警察官や検察官と同じ質問だったからだ。この質問を執拗に繰り返していた畑山刑事の顔が浮かんだ。悟はがっかりした。間違えることに理由などない。酩酊していたし、覚醒直後の眠い状態だから間違えたのだ。それで、悟は一、二秒黙ってから「わかりません」と答えた。間違えることに理由はないでしょう、酔っぱらったらよくあることでしょうと声を大にして言いたかったが、それでは裁判官の心証を損なうだけだと思って、ぐっと我慢した。

裁判官は淡々と質問を続けた。

「先ほど電車の中で誰かと一緒だった記憶がないということでしたが、その電車の中で誰か連れの人が残っているというような記憶もないのですか」

「電車の中については起こされたとき以外記憶にありません」

「電車の中のことを覚えていないのに、地面で目が覚めたときに回りに豊田さんがいると思った理由がちょっとわからないんですけれども」

悟はぞっとした。この女性裁判官は酩酊した経験がないのだろうか。この裁判官とは話が通じないのか。一、二秒程躊躇した後で質問に答えた。

「これは、今から思えばということになるかもしれませんが、その日豊田さんと別れた記憶がなかったこともありますし、すぐ真横に寝ていたということもありますし、そういうことで豊田さんだと思ったということになるかと思います」

「豊田さんと別れた記憶がなくて、寺崎さんや五味さんとは別れた記憶があるんですか」

望月は嫌な揚げ足取り的な質問をする裁判官だなと思った。悟も嫌な印象を受けたが、質問に対して素直に答えた。

「いいえ、その飲み会に参加していた方とは別れた記憶がありません」

「冒頭そういわれたと思うんですが、寺崎さんや五味さんではなく豊田さんだという理由がちょっとよくわからないんですが、そこのところは説明つきませんか」

またこの質問か。悟は一瞬ためらった後、「わかりません」と答えた。

裁判官は、常に人間は理詰めで行動するという前提に立っているようだ。人間の行動など理由に基づくものではない。場当たり的に行動する場合の方が多いであろう。特に、酩酊した人間がとる行動は不確実なもので、予測することなどできない。悟は精神医学について素人なのだから、このような質問に対して回答できるはずがない。

竹宮裁判官は自分の質問が愚問であるということを全く判っていなかった。

とにかく自分の質問を淡々と続けた。

「電車がないのでタクシーで帰ろうというふうに思ったということなんですが、そのとき時間はどうやって確認しましたか」

酔いすぎて地面の上で目覚めたのだから、タクシーで帰ろうと思うのは当然のことだろう。明らかな愚問であった。

この愚問に対しても、悟は誠実に回答しようとした。

「……時間を確認したのかどうか覚えていないんですけれども」

「では、タクシーで帰ろうと思ったのはなぜですか」

「おぼろげながら、電車がないというのがわかったということです」

「先ほど確認したんですが、どの駅で降りたのかということはわからなかったということですよね」

「はい」

「比較的あなたの家に近いところであったりとか、他の交通手段があるような駅、例えば深夜バスが出ているような駅である場合にはタクシーじゃなくて、近ければ徒歩で帰ろうとか、深夜バスが出ているようなところであれば深夜バスで帰ろうというようなことも選択肢としてはあると思うんですけれども」

深夜バスという一言には愕然とした。

この裁判官は深夜酩酊した経験がないのだろう。真顔で深夜バスで帰る選択肢もあるじゃないかと平気で尋ねている。松井も望月も首を傾げた。

　それでも、悟は真摯に答えた。

「それは当然あると思いますね。ただ、深夜バスとおっしゃった点については、私は深夜バスに乗ったことはありませんので、その選択肢には入らないと思います。ただ、そうですね。僕のことを起こしてくれた駅員さんから、終電が終わったということを聞かされたかもわかりません。ですから、先ほど申し上げたような形で、おぼろげながらという言葉を使わせていただきました」

「おぼろげながらでいいんですが、その終電が終わったというふうに駅員さんから聞いたかもしれないと思う時点はどこですか」

「それは後になって考えてみればということになります」

「電車の中かもしれないし、改札口を通った後かもしれないということですか」

「そうです」

「今ちょっと深夜バスの点に話しの重点が移ってしまったようだったんですが、タクシーで帰らなくてはいけないと思った理由はどうしてですか」

「……はっきりとした記憶はありません」

「たとえば、徒歩圏内のどこかの駅かもしれないわけですよね」

　この竹宮裁判官には常識が通用するのか。

　竹宮裁判官の質問に疑問を持ちながらも、悟は真摯な態度で一応頷いた。抽象的な可能性にしかすぎないが、一応可能性はあると思ったからだ。

「この駅が品川駅だというふうにあなたはわかっていたんですか」

「それは後になって認識しましたが、それをどこで認識したのかということに関してはわかりません」

「少なくとも地面の上で目が覚めたときにはそこが品川駅だということはわかっていませんでしたか」

「……ちょっと覚えていません」

「そのときあなたは、所持金が会社を出る直前に一万七千円だったから、とてもタクシー代がないと思ったということなんですね」

「所持金はないと思っていました」

「所持金はゼロだと思っていたということですか」

「いいえ。全くのゼロではないと思っておりましたけれども、まあ、かなり少ないんではないかというふうに判断しておりました」

「そのとき財布を開けたわけではないんですね」

「はい、開けていません」

「どこの駅かわからないのに、なぜタクシー代がないと判断したんですか」

「……はっきりとした記憶はありませんが、どこの駅かわからなかったものですから」

「被害者のかばんの中に財布や印鑑や通帳などが入っていた記憶はありますか」

「ありません」

「それらのものに手が触れたという記憶もありませんか」

「覚えていません」

「普通、人にお金を借りるときには、その人のお財布にまず目がいくと思うんですけれども、お財布よりもこの封筒にまず手がいったのは何か理由がありますか」

「横に当時そう思っていた豊田先輩がいましたし、かばん、かばんという言葉を聞いてますので、かばんの中に手を入れたときにまずその封筒に手があたったものですから」

「封筒の中にお金が入っているというふうに判断したのはどうしてですか」

松井も望月もその質問に対して嫌な印象を持った。判断て何だよ。鞄の中に手を入れたら封筒が手にあたったと何度も言ってるじゃないか。封筒を手にしようと判断したことはない。しかし、悟はこの質問に対しても丁寧に答えた。

「それは覚えていません。ただ、入っているのを確認したのかとか、開けてみたらお金が入っていたのかっていうのは覚えていないところでありまして、今、裁判官がおっしゃったように判断して開けたということは言えないと思いますけれども」

「あと、川辺さんに胸倉をつかまれてボタンが飛んでいったのを拾ったということなんですけれども、そのボタンを拾った場所はあなたが胸倉をつかまれた場所からどの程度離れていましたか」

「まあ、すぐ近くですけれども、一歩踏み出せば拾えるくらいのところですね」

「調書を読んでいると、ボタンが飛んでいったというふうな表現になっている部分があるんですが」

「はじけ飛んだということで間違いありません」

「ボタンは転がっていったんですか、それとも飛んでぽとんと落ちたというような感じですか」

「少し転がりました」

「最後に、このときの稼動していたときの状況を聞きますけれども、会社においてはまじめに働いていたんですね」

「はい」

「人間関係に特に問題はありませんでしたか」

どうしてこのような質問をするのだろうか。悟は怪訝な顔になったが、あくまでも丁寧な対応をとり続けた。

「はい」

「抽象的な質問になってしまうんですが、あなたの会社はわりと上下関係なんかはきちんとしているほうですか」

「はい」

「あなた自身、上の人に対する礼儀を守っていなかったりだとか、特にぞんざいな態度をとるようなことはありませんでしたか」

「はい、そのようなことはしていません」

裁判官の質問が終わったので、松井が立ち上がり補充的に質問した。

「いま、意識ははっきりしていますね」

「はい」

「意識がはっきりしている今と比べて、本件当時はどのような意識状態だったのですか」

「ちょっと口で説明するのは難しいですね。色々なことがありましたけれども、そういったことを思い出せないような状態……ということになるかと思います」

「先ほど、裁判官から豊田さんだと間違えた理由は何かというふうに聞かれましたが、当時、意識がはっきりしない状況の中で、いろんなことを考えながらてきぱきと判断できる状況だったんでしょうか」

「そういう状況ではありませんでした」

「品川駅の地面で目が覚めたときですけれども、自宅の近くで目が覚めたというような意識があったのか、それとも遠いところで目が覚めたという意識があったのか、その点についてはどうですか」

「自宅の近くでしたら、見覚えがあります。近隣の駅で見覚えのない駅というのはありませんから、当時は見覚えのないどこか遠いところで目を覚ましてしまったというような気持ちになったのは事実です」

「通路は人がまばらに通っていたとおっしゃいましたが、どの時点から通行人がいるというふうに認識されたのでしょうか」

「目を覚ましまして、豊田先輩を起こして、豊田先輩から預かったお金をこう自分の手で数えるわけなんですけれども、そういった間に、一人、間をおいてまた目の前を一人という感じで通行人があったのを記憶しています」

それで、松井は着席した。

悟は証言台席を立って被告人席のほうに移った。

論告求刑

引き続き検事が論告求刑を行うことになった。

「それでは、検察官からご意見をうかがいましょう」

裁判官は検事に論告求刑を行うよう促した。

検事は淡々と論告要旨を読み上げた。

「本件公訴事実は、当公判廷で取調べられた関係各証拠により証明十分である」

これは検察の常套句である。どの事件でも必ずこの出だしで始まる。

「ところで、被告人は、被害者のバッグの中から現金を持ち出したことは認める一方、その意図について『酒に酔って被害者を勤務先の先輩である豊田健一と間違え、タクシー代を借りるつもりで、豊田だと思っていた被害者のショルダーバッグから封筒を見つけ、中の現金を取り出した』旨弁解して犯意を否認し、窃盗罪が成立しない旨主張している。

しかし、以下に述べる理由により、被告人の上記弁解は、自己の罪責を免れんと図った虚偽のものであることは明らかであり、その弁解を基に窃盗罪が成立しないとの主張も何ら理由のないものであることは明らかである」

検察は被告人の主張をことごとく「弁解」と位置付ける。そして、必ずこれが虚偽だと決め付けるのだ。

続いて、証人川辺和重の信用性が高いことを説明した。

結局、ベテラン警察官だから信用できるというものであった。

また、犯行現場の明るさにも言及した。しかも、望月が苦労して作成した、弁一九号証の写真三二等は、何らかの作為的状況すら疑わせるものであるなどといったのだ。

これには温厚な望月も憤りを感じた。

望月はどっちが作為的だと心の中でつぶやいた。現場状況を正確に再現するために、深夜苦労して現場での写真撮影を重ねた望月としては、一回も現場に足を運んだことのない検事に対して腹が立った。

検事は、信用性の高い川辺証言から、悟が物色した上で被害者から窃盗行為を働いたのだと結論付けた。

そして、悟の供述が自己の罪責を免れようとの意図による虚言であるなどと言って、その説明を始めた。

悟の酔いは当時甚だしいものではなかったのだから、日頃から親しく交際していた豊田と被害者を取り違えるはずはないと指摘した。豊田と被害者は、その容貌、体格が全く異なっているところ、悟は、豊田の容貌、体格を知っているのだから、豊田と被害者を取り違えることはあり得ない。

精神科医の意見書は、単なる一般的可能性をいうにとどまるので、本件事実認定にいささかでも影響のあるものではないと言って切り捨てた。

悟がタクシー乗り場を探そうとした行動については、もし、悟が豊田をタクシー乗り場に連れて行こうという意思があれば、当然豊田と思い込んでいた被害者を起こそうと声を掛けたり、身体を揺するなり、手を引くなり、担ぎ上げるなりするはずだが、悟は何らそのような行動をとっていないので、信用できないなどと指摘した。

検事は本件記録から考えられるあらん限りのことに言及して、次のような台詞で悟を嘘つきだと断定した。

「被告人が豊田と被害者を取り違え、タクシーに乗せる意思であったという弁解が明らかに虚言であることは明白である。

乙六号証六月二一日付検察官調書では、現場で金を数えたことは覚えていないと供述していたにもかかわらず、公判廷では数えた記憶があると供述したという供述経過がある。これは、すり犯なら犯行現場で金を数えることはないなどと強弁するため、このような供述経過になったものにほかならず、そのような白々しい作為を弄する被告人の供述に信用性などない。被告人の供述は、不自然、不合理なもので、到底信用できるものではなく、自己の罪責を免れるために虚言に虚言を重ねた言い訳にすぎないものである。

被告人は、被害者を見知らぬ人物と知りながら、被害者から盗んだ金を自己の需要に供して何ら返済する意思がなかったことは明らかであり、窃盗の犯意にかけるところはない」

検事の指摘は余りにも独善的なものであり、悟の人格を根底から否定するものであった。悟は検事が言い放つ言葉の一つ一つに傷つけられていた。耐え難きを耐え、忍び難きを忍びながら、黙って検事の銃弾を受け止めていた。

検事は犯罪事実に関する論証を終え、引き続き情状に関して説明を始めた。

「本件犯行動機は、終電車を乗り過ごし、タクシー代に事欠いた被告人が、酔客から金員を窃取してタクシー代を得ようとして敢行した窃盗事案であり、その安易かつ身勝手な犯行動機に酌量の余地はない。

本件窃取金額は一〇万円と決して少額ではなく、結果は重大である。

泥酔して警戒心のない被害者を狙った犯行で、その態様は卑劣である。

被告人は、捜査段階から虚言に虚言を重ねて自らの罪責を免れんとし、公判廷を愚弄する態度には、反省のかけらも見られない。

このような反省の態度のない被告人に対して、本件犯行の重大性を認識させ、その規範意識を改善させるには、厳しい処分をもって望むほかない。

以上の事情を総合考慮し、相当法条を適用の上、被告人を懲役一年六月に処するのを相当と思料する」

検事がすっと着席した。

悟は怒りで顔がこわばっていた。検察の論告によってずたずたにされたからだ。内容が内容だけに悟が意気消沈するのは当然だろう。

検事も裁判官も悟の心情を察しようとはしなかった。被告人の心情など彼らにとっては何ら関係がない。検事と裁判官は次の事件を淡々と処理するためさっさと法廷から立ち去っていった。

最終弁論

平成一三年六月一四日午前一一時。東京地裁四〇四号法廷。

悟は神妙な顔つきで被告人席に座っていた。この間、最終的な意見陳述を作成するために夜遅くまで文章の内容や表現を練り上げる作業に没頭した。いつもより睡眠時間が少なかったが、全然眠たくない。

弁護人の弁論要旨は、松井、望月、悟及び哲夫が徹底的に議論した結果を踏まえて、松井と望月が完成させたものである。これをまとめ上げるのにたくさんの時間とエネルギーを注いだ。松井と望月には全力を出しきって完成させたという自負があった。

開廷後、松井が立ち上がって最終弁論を口にした。

「結論から先に言えば、被告人石原悟は無罪です」

松井は背筋をピンと伸ばし、お腹から力を絞り出すようにして声を出した。

視線の先は裁判官。

説得する対象が裁判官である以上、それは当然のことであった。声には力が込められていた。張りのある声が聞く者の耳朶に響く。

「本件の主たる争点は、被告人が平田和良を会社の先輩である豊田健一と誤認したのかどうかです」

ずばっと主たる争点を指摘した。

「問題は被告人の心理的事実そのものです。

これを直接証明する証拠は本人の供述だけであります。

すなわち、本件の証拠構造の中で、直接証拠は被告人悟の供述だけであり、その余は、間接的なものもしくは被告人供述の信用性を左右するものにすぎません。

そこで、本件記録から真実を見出すためには、まずは、直接証拠である被告人供述自体の信用性を検討するべきであります。その検討を踏まえた上で、間接的な証拠の価値を吟味し、証拠を取捨選択するという作業を進めるべきです」

松井はここで説明を一旦止めた。裁判官にきちんと伝わっていることを確かめるためだ。そして、一呼吸置いてから続けた。

「さて、被告人供述の最大の特徴は何でしょうか。

まず言えることは、内容の一貫性と供述態度の誠実性です。

被告人は、捜査段階から一貫して、平田和良を豊田と誤認し、豊田からタクシー代を借りる意図でお金を預かったと主張してきました。

平成一三年六月六日の公判期日においても、被告人は、裁判官の面前で、平田和良を豊田と誤認したことを真摯な態度で供述しております。被告人が個々の質問に対して、記憶にないことは率直にその旨を告げ、記憶にある事実については自分の記憶に従い、何事も隠さず嘘偽りを述べずに正直に語っていたことは、その表情や供述態度に照らして万人が納得できることであり、これは当公判廷において顕著な事実であります。また、当公判廷における被告人質問において検察官から執拗な反対尋問を受けましたが、何ら揺らぐことなく本件の事実関係を具体的に供述しております。

この点、検察官は、警察官に対して窃盗自体を否認する旨しか発言しておらず、後刻になって弁解を変遷させているなどと主張しておりますが、これは失当です。

被告人は現場で自分は盗んでいないという趣旨の発言をしましたが、被告人の認識内容を前提にすればここには何らの矛盾はなく、むしろ自然な発言というべきです。

繰り返しますが、被告人は会社の先輩である豊田から金銭を借用したのです。

知り合いから金銭を借用する行為は「窃盗行為」ではありません。

したがって、被告人が窃盗ではないという認識を持つのは当然のことです。とすれば、盗んでいないと発言することはごく当たり前のことであり、この発言をもって変遷があるなどと解するのは全くの誤りです。

また、検察官は、お金を数えた点について被告人の供述経過に変遷があることを挙げて信用性がないなどと縷々申し述べていますが、この指摘も合理性はありません。

被告人は酒に酔っていたため普通酩酊の麻痺期で認知機能が障害されていましたし、本件公訴事実記載の日時は被告人のような給与生活者にとっては眠くなる時刻で、実際、入眠していた被告人が覚醒した直後で眠たかった状況でした。それゆえ、被告人の意識レベルは相当低下していました。

このように、認知機能に障害のあった被告人はお金を数えたことについて逮捕直後には記憶を喚起することができなかったのですが、その後に当時の状況を懸命に思い出す作業を繰り返すことで記憶を喚起することができたのです。

このことは取り立てて不自然なことではありません。

一旦忘れていた記憶を後日喚起することは我々が日常的に体験することであります。検察官は被告人の記憶喚起の過程について白々しい作為を弄したことであるなどと理由もなくいたずらに論難しますが、これは我々一般人の誰もが持っている経験則に著しく反する見解ですから、まさに失当というほかありません」

裁判官は大人しく弁論を聴いていた。

「被告人供述の当否について検討するべきことは、供述内容の自然さや合理性の点です。

被告人の供述内容が合理的であるか否か、自然であるか否かを検討するにあたっては、被告人の意識レベルが低下した状態について精神医学的な見地から緻密に検討を加える必要があります。

裁判官もご承知のとおり、意識が清明な場合における認知機能と意識レベルが低下した状態の認知機能は質的な違いがあります。認知機能が低下した場合には対象物を誤認する可能性は格段に大きくなります。供述内容が合理的であるか否かは、被告人が置かれていた当時の具体的な状況・意識レベルを想定した上で検討するべきですし、この見方が供述の信用性を判断する基本です。

ところで、捜査当局は、被告人の供述を単なる弁解にすぎないものと考え、精神医学的な見地に立った上で供述の当否・信用性を何ら検討することなく、供述の内容自体が不自然であると思い込んで、安易に起訴に踏み切ったものであり、その判断は前提となる基礎資料が不十分であったこと、検討のレベルが低かったことに原因があります。論告要旨を見る限り、検察官もこの点の検討が疎かであり、判断の基礎となる事項を十分に検討していません。我々法曹や警察官は精神医学に関する専門的知見に関して素人です。素人が専門的知見を十分に理解にすることなくこの点に関する問題を漫然と判断すれば、間違った結論に至る蓋然性は大きいと言わざるを得ません。

御庁におかれては、捜査当局が犯した誤りと同じ様な誤判をすることがないよう証拠評価、証拠の取捨選択を緻密に行っていただきたいと思います。

弁第一六号証窃盗被告事件被告人石原悟に関する意見書は、精神科医師中島直が平成一三年一月六日時点での当時の一件記録を検討したうえ、専門的な知見に基づく考察を深めた結果であります。この意見書は次のような事実の存在を示唆しています。

被告人は単純酩酊の麻痺期で意識障害の一種である昏蒙が起こり、精神の二次的機能、つまり認知機能が障害され、その結果として一次的機能、つまり知覚などが障害され人物の同一性を誤認することが起こりやすくなり、顔を一瞥したとしてもこの錯覚が解消しないこともあり得、また本件当時、入眠していた被告人が覚醒した直後であった可能性が高く、それは酩酊に加えて意識レベルの低下をもたらすので、被告人が、被害者を知人と誤認するというような錯覚が生じていた可能性は十分あります。

このような精神医学的な見地を加味して考えますと、被告人の人物の誤認に関する供述は自然なものであります。

ところで、捜査当局は、被告人が平田を豊田と誤認したことについて、なぜ豊田なのか理由を説明してくれなどという趣旨の質問を繰り返しました。率直に言って、この趣旨の質問を被告人に対して問いかけること自体合理性がありません。

当時意識レベルが低下していた被告人がこのような質問に対して回答できるはずはないからです。

錯覚は意識清明な状態でも起こることが知られており、昏蒙のような認知機能の障害された状態では錯覚はさらに起こりやすくなります。今回の件では、認知機能が障害された被告人が錯覚をしたわけです。

錯覚をした原因について問われても、被告人は精神医学の専門家ではありません。その方面では素人です。豊田と誤認したことの理由や原因を問われても、それに対して専門家のように回答できるはずがありません。もし、被告人がこのような質問に対してすらすらと回答したとしたら、それこそ不誠実であるとの誹りを免れません。

ここで、注意するべきは、認知機能が障害していたために起こった錯覚について、素人である被告人がその原因や理由を述べることは著しく困難であり、それを説明することができなかったからといって、信用性がないと決めつけるのは完全なる誤りだということです。因みに、被告人が豊田と認識したのは、日頃親しく交際しており、定期的に飲みに行く間柄で、当日別れた記憶がなかったからであると推察されますが、これは事後的な推察であって、錯覚を生じた理由ではありません。

弁第二二号証窃盗被告事件被告人石原悟に関する意見補充書は、精神科医師中島直が弁第一六号証意見書作製時に使用した資料に加え、被告人調書等の追加資料を精査した上で、精神医学的知見に基づく考察をまとめたものであります。これは、飲酒酩酊による昏蒙は一般には数時間の経過で改善するものであり三分ほどの間では本質的に変わるものではないこと、約三分ほどの間、同じ程度の意識レベルの低下が続くことは不自然ではないことなどから、被告人が平田に声をかけてから警察官川辺に接触された時間約三分の間に誤認が持続する可能性は充分にあることを示唆しています。

また、平田と豊田は必ずしも顔が似ているわけではありませんが、昏蒙のような認知機能の障害された状態では、人物以外の物体を人物と見誤るといった甚だしい誤認も起こりうることですから、平田と豊田の外見・容貌の違いがあるとしても、被告人が豊田と見誤った可能性を否定することはできません。

さらに、現場での照明状況が誤認に与える影響は大きいとはいえません。照度がどの程度のものであったにせよ、被告人が豊田であると見誤った事実を否定することはできません。現実には、現場は暗く、人物を誤認し易い状況でした。

この点、甲第二〇号証視認状況写真撮影報告書の写真は、改札内コンコースと自由通路の間のシャッターが閉鎖されておらず、改札内コンコースが全灯になっているときに撮影されたもので、本件当時は既に改札口のシャッターが閉鎖されていた点で著しく異なっていますので、これは全く参考になりません。

以上のとおり、精神医学的な見地に立って被告人の供述内容を精緻に検討すると、その内容は合理的かつ自然です。少なくとも、被告人の供述内容を不合理かつ不自然であると断定するのは理由がありません。

加えて、被告人供述は客観的な証拠や事実に裏付けられています。

被告人が飲酒酩酊していたことは最も重要な事実の一つです。

被告人が平田を豊田と誤認した大きな原因は飲酒酩酊にあります。したがって、飲酒酩酊したことに客観的な裏付けがあることは被告人供述の信用性を高めます。

被告人が飲酒酩酊していたことの客観的な裏付けとしては、甲第一五号証酒酔い・酒気帯び鑑識カード、六月二日夜に飲み会があったこと、飲み会で被告人を含め参加者が相当酒を飲んでいたこと、被告人が一次会で酔っ払っていたこと、被告人が二次会終了後池袋駅へ歩いているときに勢い余って前のほうに転んだこと、これは身体機能が低下していることを意味するのですが、被告人の目がうつろになっていたことなどです。後者の言動は豊田証人調書で随所に指摘されていることです。

ところで、検察官は、呼気一リットル当たりのアルコール量が〇・二三ミリグラムであったことから、被告人の酔いは甚だしいものではなかったなどと主張しますが、これもいささか説得力に欠ける論理です。

呼気中のアルコール濃度と酩酊の度合いには個人差があります。呼気中のアルコール濃度の数値だけで酩酊度を決定するのは素人的発想であり、間違っています。

そもそも甲第一五号証が示す呼気中のアルコール濃度は決して低い数値ではありません。加えて、被告人が酒が余り好きではなく普段飲まないことや酒に相当弱いことからすれば、酩酊し易い体質であったと考えるべきであります。

さらに、注意すべきは、測定が本件公訴事実記載の時間よりも一時間以上経過したときに行われたことです。呼気中のアルコール濃度は時間の経過によって濃度が低くなりますので、現場ではアルコール濃度が更に高かったことは明らかです。むしろ、甲第一五号証は被告人供述を客観的に裏付ける証拠と見るのが適切であり、被告人供述を減殺するような性質のものではありません。

検察官は、逮捕当初、人違いをしたとの発言をしていなかったし、これは新たな弁解を考え出した証左であるなどと主張しますが、これも失当というほかありません。

川辺は被告人に対して暴力を加えた上、暴力的な言動で発言を遮りました。きちんと事情を聴こうとせず、窃盗犯であると決めつけ、暴行を加えた上で逮捕にまで及んだ川辺に対して、一般人は何ができるというのでしょうか。暴力的な警察官が黙れと言えば、おとなしく黙るしかありません。それが自然な対応です。

そもそも暴力的な人間に対して、自己の正当性を強調すればよかったはずだというのは机上の空論であり、説得力がありません。検察官の指摘は、暴力的な状況下における一般人の対応とは著しく乖離したものであり、明らかに経験則に反します。

また、驚くべきは、警察官がいきなり殴打するはずがないなどと臆面もなく主張したことであります。我々法曹は関係各証拠の中で客観性の高い証拠を軸として証拠の取捨選択を行います。しかし、検察官は、客観的証拠である弁第一号証乃至第三号証の存在をことさら無視した上で、縷々自説を展開したわけですが、証拠評価に誤りがあるというほかありません。加えて、今日、警察官の不祥事は枚挙に暇がありませんし、警察官が独自の正義感に基づき被疑者に暴行を加えることは世上しばしば見受けられることであります。この一般的現象をことさら不思議に思う法律実務家はいません。そうであるにもかかわらず、検察官は『警察官がいきなり殴打するなどということはおよそ考えられない』などと平然と言いましたが、この見解は法律実務家の一般的認識から大きく逸脱しておりますので、失当です。

以上の検討から、被告人供述は高い信用性を有していることは明らかです」

松井の話しぶりは抑揚があり、テンポもよかった。それで、裁判官はこの時点でも居眠りをしていない。松井は口の渇きを感じたが、続けることにした。

「次に着目すべきは、犯意の存在を否定する決定的な間接事実がいくつも存在していることです。まず、被告人が平田のすぐ隣で封筒から取り出した紙幣を数えたことです。

しかも、被告人は、通行人がまばらに通っていることを認識したうえで、複数の通行人から目撃されやすい自由通路側に向かって紙幣を数えたのです。

泥酔者を狙った窃盗犯であれば、紙幣を盗み出した後、わざわざその被害者の隣に座って、悠長に紙幣を数えるはずがありません。この点、川辺自身被害者のそばでお金を数えるのは『おかしい』とその不自然さを認めています。盗人であれば、紙幣を盗み出した後、直ちに被害者から離れるという行動をとるはずです。

被告人が紙幣を数えたのは、豊田から預かったお金がいくらなのかを数えるためでした。そうであるからこそ、被告人は、平田、被告人の当時の認識では豊田ですが、のすぐ隣で、しかも、通行人が通る自由通路側に向かって、紙幣を数えたのです。

この重要な間接事実は、被告人が平田を豊田であると誤認していたことの決定的な証左でもあります。次に、被告人は、鞄から取り出した封筒を再び鞄の中にしまっていることです。泥酔者を狙った窃盗犯であれば、封筒から紙幣を取り出した後、指紋のついた封筒をわざわざ鞄に戻すはずがありません。

被告人がこのような行動をとったのは、紙幣が入っていた封筒を鞄から取り出して、そこから紙幣を預かったので、その封筒を鞄に戻す、これが預かったものの態度として当然であると考えたからです。因みに、逮捕者である川辺は、長い経験の中で、被告人と同じ様な行動をとった窃盗犯人を見たことはないと明言しています。

さらに、平田の鞄の中には銀行預金通帳、実印、現金六〇〇〇円在中の青色財布がありましたが、被告人はこれらに触れてすらいません。被告人にとってみれば、豊田と二人で自宅に帰ることができるタクシー代を借りることができればそれで十分だったからです。

このように、被告人が平田を豊田であると誤認した事実を前提にしなければ、被告人の全体的な行動を合理的に説明することはできません。

以上の指摘から明らかなように、被告人に窃盗の犯意を認める余地はありません」

「次に指摘することは、川辺証言に信を置くことができないことです。

検察官は、川辺証言に依拠して本件公訴事実を立証できたと主張していますので、その有罪主張の根拠である川辺証言を検討し、その証拠価値について言及したいと思います。

まず、検察官は、本件証拠構造を総合的に検討することなく、『川辺は、本件当時、鉄道警察隊東京分駐所に三年以上勤務していたのであるから、すり、置き引き検挙対策について、すり置き引き犯の犯行形態・パターン、予想される被疑者の弁解類型、それらを踏まえて犯行を現認した場合に注視・記憶すべきポイント等について習熟しており、その現認態様の適切さ、記憶の正確さ等の高度の信頼性を有する』などと縷々論じましたが、これは明らかに失当です。筋違いの指摘です。

本件のポイントは精神医学的な知見をも加味したうえで、被告人の人物誤認が可能か否かです。検察官は合理的疑いの余地がない程度の高度の立証をしなければならない責任を負っているのですから、精神医学に属する専門的知見に照らして、被告人供述の内容を完膚無きまでに否定できなければ、立証に失敗したことになります。

なるほど、川辺は捜査に関するベテランかもしれませんが、人間の意識レベル、昏蒙のときの認知機能障害の程度、人物誤認の可能性等について全くの素人です。加えて、川辺証言を信用するには躊躇するべき点が散見されますので、このような川辺証言に高度の信頼性を有するなどといっても、万人が納得できるはずはなく、証拠の評価に決定的な誤りがあります。

川辺証人調書をよくよく見ると、あえて事実に反する証言をしたことなど川辺には不誠実な点が散見されるうえ、自分が知覚したことを正しく解釈せず、当時興奮していたために冷静な判断をすることができず、被告人が窃盗犯人であるとの結論に飛びついたことが容易に見て取れますので、この証言に信を置くことはできません。

まず、第一に、川辺は裁判官を目の前にしていながら、客観的証拠に反することを平然と証言しました。川辺は、法廷の証言台で、弁第一号証乃至第三号証の物的証拠を示されながら、被告人に対して暴行行為に及んだこと、シャツからボタンが取れたこと、被告人を投げようとした結果ズボンの後ろポケットを破ったことなどを合理的な理由なく否認しました。裁判官に対して嘘偽りを述べないと宣誓していながら、虚偽の証言に終始したのですから、川辺証人には誠実性に問題があります。この重大な問題は証言全体の信用性に強く影響します。

また、川辺証言には検察官請求にかかる平田調書とも決定的な違いがあります。この差異は極めて重要です。

平田調書では川辺から『警察の者です。今スリに狙われたんですよ。犯人は捕まりましたよ。』と揺り起こされましたのでビックリして気が付いたのです、と書かれています。つまり、川辺は、寝ていた平田に対し、真っ先に被告人が犯人であるという予備知識を与えたのです。

一方、川辺は、検察官からの質問に対して、盗みがあったという予備知識は一切言わず、まず知り合いなのかを平田に聞いたなどと強弁したのです。

川辺証言は、自己の記憶に従って誠実に証言をしたものではなく、自分の捜査方法が偏見に根ざしたものではないことを裁判官に訴えたいが為にあえて虚偽の証言をしたものと見るのが自然です。少なくとも、川辺には自己の逮捕行為を正当化するという動機があり、これは虚偽の証言をする動機付けとして十分なものであります。

さらに、川辺調書を通読しますと、その証言内容は前後で相矛盾していることも見て取れますし、川辺証言は重要な点で抽象的な表現に終始しています。

例えば、川辺は被告人がチャックを開けて一、二分中を物色したなどと証言していますが、ここでいう物色の内容を具体的に説明していません。この証言は抽象的すぎます。また、先程指摘したとおり、平田の鞄の中には銀行預金通帳、実印、現金六〇〇〇円在中の青色財布がありました。もし、被告人が一、二分もの間、窃盗を行う目的で平田の鞄の中を物色していたのであれば、そこに青色財布があることを見つけだし、鞄からこれを取り出したはずでしょう。しかし、現実には、被告人が取り出したのは封筒だけであり、青色財布には全く触れていません。

このように、川辺証言は、抽象的すぎるうえ、客観的状況と照らすと不自然極まりないものですから、信用することはできません。

以上のとおり、川辺証言には客観的証拠や経験則に真っ向から反する証言が多数あるので、証人としての誠実性に著しく欠けているというほかなく、また本件現場において川辺は興奮しすぎていたため、自分が知覚したことを正しく解釈できず、かつ冷静な判断をすることができなかったことから、その知覚や記憶自体にも誤りがあります。加えて、川辺は、当公判廷において虚言に虚言を重ねて自らの誤認逮捕に伴う責任を免れんと図り、白々しい辻褄合わせに終始し、裁判所を愚弄するその態度には、警察官としての真摯な姿勢のかけらも見られません。したがって、川辺証言を信用することはできません」

「さらに、検察官の論告要旨における指摘のうち、重要な点について反論を加えておきます。検察官は論告要旨において大要次の事実から犯意の存在が明らかであると主張しました。

①　豊田と誤認した平田に声をかけていないこと

②　ズボンのポケット、胸ポケットを触りバッグなどを物色したこと

③　豊田と誤認した平田を起こす素振りをしなかったこと
④　豊田と誤認した平田を一人残したこと
⑤　酔っ払った振りをしたこと

しかし、この主張には前提に誤りがありますので失当というほかありません。

第一に、被告人は、豊田と誤認した平田に対して『豊田さん、豊田さん』や『お金、お金』などと声をかけており、平田に声をかけなかったというのは事実に反します。

この点、川辺証人調書にはこれに反する趣旨が記載されていますが、前述したとおり、川辺証言には客観的証拠や経験則に反する証言が多数あり、証人としての誠実性に問題がありますので、この証言に依拠して事実を認定することは完全に間違っています。

また、検察官は論告要旨で平田は被告人の呼びかけに応答できなかったなどと強弁しますが、これも経験則に照らして考えますと、失当というほかありません。入眠中の者に声を掛けたところ、その者が返答することがあることは日常的に経験するところであり、特段不自然なことではありません。そして、入眠中の者がそのやり取り自体を記憶していないことも同様に我々が日常的に経験することであります。

第二に、検察官は、川辺証言のみに依拠して被告人がズボンのポケット、胸ポケットを触ったなどといいますが、先程指摘したとおり、川辺証人には誠実性に問題があり、安易に信用することはできません。繰り返しになりますが、川辺証人が自分の逮捕行為を正当化するためにことさら被告人に不利益な証言をすることは十分考えられるところであり、同人の証言態度等に照らすとその動機の存在は明らかです。また、バッグを物色したという点については、先程も指摘したとおり、その証言内容はいささか抽象的ですから、これを信用することは困難です。

第三に、被告人は、豊田と誤認した平田に声をかけたうえ体を揺すったり、たたいたりしたし、さらに、上半身を抱え上げるように起こしているのですから、平田を起こす素振りを見せなかったなどというのも事実に反します。

第四に、被告人は見知らぬ本件現場でタクシー乗り場を探すために立ち上がって二、三歩歩いただけで、後で現場に戻ってくることを念頭に置いて行動したわけです。したがって、豊田を一人現場に残して立ち去ったわけではありません。また、酩酊状態で意識レベルが低下していた被告人は、身体機能も低下していましたので、豊田を背負ってタクシー乗り場を探すなどということは物理的に著しく困難でした。なお、一般に、終電を乗り過ごす程度に酩酊したサラリーマンはタクシーで帰宅するのが普通ですから、見知らぬ駅でタクシー乗り場を探しに行こうと思いつくのは自然なことです。

第五に、検察官は、川辺証言のみに依拠して被告人が酔っ払った振りをしたなどと主張しますが、前述したとおり、川辺証言は誠実性に問題があるうえ、この点に関する証言部分は極めて曖昧かつ前後で相矛盾しており、裁判官ですら疑問を抱いた上で追及的な補充尋問をしたところですから、これを信用することはできません。

検察官は論告要旨で二人がタクシーで帰るには一〇万円は多すぎるとの指摘をしていますが、これも理由がありません。

まず、そもそも、被告人は当時ポケットに入れた紙幣が一〇枚あると認識していなかったのですから、検察官の指摘は前提を欠いております。すなわち、意識レベルが低下した被告人は紙幣を何度か数えましたが、枚数が頭に入りませんでした。当時は、一〇万円を預かったという認識はなく、ただ、これだけあれば二人がタクシーで帰宅するには十分であるという認識です。

検察官は論告要旨で豊田の服装について被告人は豊田の証言と異なる供述をすると指摘しますが、この点については被告人の記憶が正確であり、豊田の単なる記憶違いにすぎません。

甲第一六号証身体検査調書には豊田が六月二日当時上下のスーツを着用していた旨の指示説明や上下のスーツを着用した写真があります。豊田の指示説明内容等と被告人の供述は一致しており、これは逆に被告人供述の信用性が高いことを示しています。

以上のとおり、被告人供述は自然なもので明らかに信用できるものであり、ほかにこれを覆す証拠はありません。

私からは以上です」

松井は着席した。隣の席に座っていた望月がふらっと立ち上がり、弁論を述べ始めた。

本件は元々望月が担当した案件である。望月は一年間の集大成という趣旨で、悟の無実を示唆する事実を指摘した。

「望月からは被告人の無罪を認定するべき所見を指摘させていただきます。

第一に、被告人は、仮睡者平田が目を覚まさないようにとの配慮を一切していません。

すなわち、平田に対して、声をかけたり、揺さぶったり、カバンを開けるためにわざわざ上半身を起こしてカバンのひもを外したりしています。もし、仮睡盗であれば、仮睡者を起こすことのないよう、できるだけその身体に触れないように細心の注意を払うものです。しかし、被告人は仮睡者をわざわざ起こそうという行動をしているのです。この重要な間接事実には十分に着目するべきです。

第二に、周囲に目撃者がいないことを確認していません。

仮睡盗であれば、周囲を見回して目撃者の存否を十分に確認するはずです。本件現場は見通しがよく、通行人が往来する場所ですから、仮睡盗であれば、少なからず周囲に見られていないかを確認するはずです。また、検察官は、本件現場は十分な照度があったなどと主張しているくらいですから、そのような照度のもとではなおのことです。

仮睡盗が柱の横に堂々と立っていた川辺に気付かず、仮睡盗を実行したなどと考えるのはいささか不自然です。

第三に、封筒をカバンの中に戻していることです。

仮睡者狙いであれば、封筒の中に現金があることを確認した時点で、あえてそこから現金を抜き出す必要はなく、そのまま折り曲げて自分のポケットにしまい込むはずです。ましてや、枚数の確認は、現場から離れて身の安全を図ってから行うものであることはあえて指摘するまでもないことです。

また、封筒をカバンの中に戻すことは、封筒に付着した指紋云々を論ずるまでもなく、これが被告人にとって不利益にこそなれ、何の利益にもなりません。仮睡盗として考えるには明らかに不自然さが残ります。

第四に、被告人は永年勤め続けた会社を辞めてまで無罪を主張しています。

取調の過程で、被告人は警察官や検察官から何度も『自白すれば、ここでいう自白は捜査当局の筋書きに沿った虚偽の調書を作成するということですが、すぐに出られるんだ』と誘惑を受けました。嘘をついて社会復帰するかどうか、接見の場、面会の場、留置場の暗い部屋で一人悩み抜きました。

結局、被告人は、真実を明らかにするという信念を貫くことを決意しました。

この決意を踏まえて、捜査検事は被告人を起訴しました。

そして、『起訴のときは解雇』という社内規定により、被告人は辞めざるを得なくなり、都合による依願退職という辞表を提出することで、会社を辞めることになりました。

永年勤め続け、愛着のある会社を辞めてまで無罪を主張する被告人の言葉は本物です」

堂々とした態度だった。普段はやさ男のような感じであるが、このときは背筋を伸ばし、まさに毅然とした態度で裁判官に語りかけた。

最終意見陳述

トリは悟が飾ることになった。被告人の最終意見陳述である。

悟はゆっくりと被告人席から証言台席に移った。顔を上げ、真っ直ぐ裁判官の顔を見据えた。緊張で鼓動が高鳴っているのを感じる。背骨がへし折れるのではないかという重圧感があった。何度立っても慣れることはできない。しかし、力を振り絞って、最後の意見を述べ始めた。

「被告人としての最終意見を陳述いたします。

今回の災難は平成一二年六月三日深夜突然やってきました。

本日、裁判は終結し、次回判決となります。

ここで再度申し上げたいのは、私は窃盗など絶対にやっていないということです。

繰り返して言います。断じて卑劣な仮睡者狙いの窃盗行為などやっていません。

お酒に酔い、会社の先輩と間違えて平田氏からお金を預かりました。平田氏もお酒に酔っていたこともあって、私にお金を預けることを承諾しました。

ここで、声を大にして言いたいのは、人間違いと仮睡者狙いの窃盗とは全く違うということです。

検察は川辺氏がベテラン刑事であるという理由から私を犯人に仕立て上げようとしています。私が自分の罪責を免れんと図って虚偽の弁解をしたと主張していますが、全くのデタラメです。警察こそ、自分の誤認や暴力行為を免れんと図った虚偽の弁解をしているからです。破れ裂けた私のズボンや弾けとんだYシャツのボタンから暴力行為があった事実は明らかです。逮捕された直後から、ズボンやYシャツのありさまは警察で確認されています。現場の明るさが、極めて明るかったかのように誤魔化したことの証拠に警察や検察で作られた視認状況報告書に写ってしまった時計があります。

警察がいくら嘘を重ねて、極めて明るい写真を持ってきても、当時と同じ時間帯に撮影したと言い張っても、写ってしまった時計は嘘をついてはくれないのです。

警察は、何故そのようなごまかし行為をしなければならないのでしょうか。端的に言えば、それは警察が自分の間違いを隠す為です。

駅の改札口から高輪口へと続く階段をおりるには、私と川辺氏の間の約八・三メートルを通るのが最短距離になります。検察は私と川辺氏の間を遮る物は無かったと主張しています。確かに遮る物はありませんが、川辺氏も認めているように通行人はいたのです。

それは、私が人目にさらされた場所にいたことを示す事実です。

私は今回の件があるまで警察は市民の味方だと思っていました。

正義感に厚く、清い心を持った人だと思っていました。

残念ながら今回の件で私が関わった警察には、そのような人はほとんどいなかったように思います。

取調べでは、わかったわかったと言いながら結局、川辺氏に話を聞いてもらうことは叶いませんでした。代わりに私を取調べた警官には『俺はその場にいなかったんだからわからねえよ』と言われました。

他の刑事にも『認めれば早く出ることができるよ』『認めちゃった方がいいって』『魔が差したんだろ』と自供を強く勧められました。

また別の刑事には『やっていないなら、そのことを証明してくれよ』と再三言われました。

人の話に聞く耳を持たない人間に対して、やっていないことの証明をするというのは非常に難しいことでした。言い換えれば限りなく不可能に近いことでした。

勾留中は悔しくて悔しくて仕方ありませんでした。食事もままならない状態で体重もみるみる落ちていきました。

警察では、ただ私を犯罪者にする為だけの手続きがなされたにすぎません。

私の話を聞かないばかりか、私を有罪にする為の偽りの証拠まで用意しました。

今までの私の人生において、全く相手にされないということは今回が始めてです。そのことは私にとって屈辱でした。

一人の人間が、まさに人生を左右されようとしているのです。私は極めていい加減な証拠だけで大切な人生を左右されたくはありません。

会社を辞めたことについて若干言及したいと思います。

一〇年間勤めた会社をこのような形で辞めざるを得なくなるということが残念でなりません。

世話になった上司に自分の口から直接話すことができずに辞めなければならないという気持ちを、心からわかっていただけるでしょうか。

私を心配し、接見に来てくれた家族や友人、会社の同僚に顔を見せる時には、逆に私をあまり心配しないようにと元気に振舞ったつもりですが」

不覚にも悟の両目から涙がこぼれた。泣くまいと思っていたが、どうしても感情が高ぶってしまう。つい涙がこぼれるのを止めることができなかった。落ち着きを取り戻すため、深呼吸をした。

「すみません。続けます。

毎回毎回こぼれ落ちる涙は止めることができませんでした。社会にも認められ相応の地位も築いてきましたが、警察では無力感で何度となく涙しました。ここでは正義も理性も通用しないのだと思いました。

私は今現在、無職です。家族や友人、知人から幾つかの仕事を勧めてもらっています。しかしながら、裁判を続けていく上で『私の予定を優先して頂けるのならば働きたい』『私の都合を優先して頂けるのならば働きたい』ということは言えないと判断した結果です。

保釈が認められてからは、裁判のことを第一に考え、供述書を書いたり、証拠を検証しました。深夜の品川駅にも、時には弁護士と一緒に、合計一〇回以上行ってみました。そうして生み出された物が数々の弁号証としての書証であり、私の供述書です。

また、心配を掛けた祖父母の見舞いにも幾度となく通いました。入院し、通常の会話さえままならない祖父に面会に行くと、元気だった頃『悟君、困っている人を助けるのに、いちいち理由は必要ないんだよ』と教えてくれたことを思い出します。

裁判が終わったら、新たな人生のスタートを全力で走り出したいと考えています。

またバリバリと仕事をして、今回のことが起こる前のように明るい自分を、明るい家族を取り戻したいと考えています。

私を応援してくれている家族や友人、知人が沢山います。

私の周りに、このような人たちがいる限り私は本来の自分を取り戻せると信じています。最後に申し上げます。

この裁判が始まったことで私は初めて自分の言い分を聞いて貰ったと思っています。今回の事件は当初から予断を持って捜査を続けた警察及び検察によって作り上げられたものに過ぎないのです。そのことは是非とも御理解ください。

今まで出してきた証拠、そして弁護団の用意した最終弁論を詳しく検証して下さい。必ずや私の無実を分かっていただけると思います。

裁判官におかれましては、是非とも、無罪の判決を賜りたくお願い申しあげます。

私からは以上です」

悟には人事を尽くしたという充実感があった。

閉廷後、悟は両弁護人や哲夫と裁判所の一階ロビーで打ち合わせをした。

悟は充実感に浸っていた。両弁護人や父の哲夫から、最終意見陳述の出来を褒められた。ポイントを押さえていたし、随所に感動的な表現があり、とにかく迫力があった。

望月は弁論が終わってほっとしたのか楽観的なことを口にした。

「石原さん。やることは全てやった。これで無罪は間違いないですよ。無罪をとれたら、また一緒に飲みにいきましょうね」

悟は少し照れながら言った。

「望月さん。松井さん。そして、父さん。本当にお疲れさまでした。悔しいことや悲しいことがたくさんありました。その辛い時期に私を支えてくれたことに対しては、心から感謝したいと思います。

やれることは全てやったと思います。結果がどうなろうとも、ここまでやれたという達成感は何物にも替え難いことです。本当に人事を尽くして天命を待つという心境です」

　悟は満面の笑みを浮かべた。

判決

平成一三年七月一一日午前一〇時。東京地裁四一一号法廷。

両弁護人は弁護人席に座り、検事は検察官席に座っていた。三人は神妙な顔つきだった。

悟は被告人席に座っていた。落ち着こうと思うのだが、鼓動が早鐘のように胸をうつ。緊張感は否が応でも高まる。最終弁論から判決期日までの約一ヶ月間。落ち着こうと思うのだが、何か集中できない。そういう日々を重ねてきた。この間電話で望月から「無罪をとれるのはうれしい」「とにかく人事を尽くしたのだから後は天命を待つだけだ」と何度も言われてきた。正直言って、無実なのだから無罪のはずだと思っていた。油断は禁物だが、辛い思いをしてきたし、つい裁判官に期待をしてしまう。

竹宮裁判官が入廷した。当事者も傍聴人も全員起立して、法廷の中心に向かって礼をした。

「被告人、前へ」

相変わらず命令口調である。

悟は別に気にせず証言台席に向かった。

「それでは、被告人石原悟に対して判決を言い渡します。

主文。

被告人を懲役一年六月に処する。

この裁判確定の日から三年間、右刑の執行を猶予する。

訴訟費用は被告人の負担とする」

悟は我が耳を疑った。

しかし、その主文は現実だった。情け容赦ない現実が悟を打ちのめした。

もはや、悟の耳には何も届かなかった。茫然自失の状態になっていたからだ。

裁判官は、悟の心情など知る由もなく、ただひたすら、判決の理由を述べていた。

「弁護人は、被告人には窃盗の故意がなかったから無罪であると主張し、被告人も公判廷においてこれに沿う供述をしているので、以下検討する。

前掲証拠によれば、以下の事実が争いなく認められる。
(一)平田和良は、平成一二年六月二日午後一〇時ころから飲酒し、本件当時、東日本旅客鉄道株式会社品川駅西口東西自由通路において、所携のショルダーバッグ部分をたすきがけにし、仰向けになって寝ていた。
(二)本件当時、品川駅においては、山手線内回りの午前一時一九分の電車を最後に、全線終電が出てしまっており、本件現場付近を通行する人は非常にまばらな状態であった。
(三)被告人は、平田の側に座り、前記ショルダーバッグのショルダー部分を平田の体からはずした上、ショルダーバッグ上部のファスナーを開いてその中に手を入れ、短時間のうちに封筒を取り出し、その中から紙幣(一万円札一〇枚)を取り出した。そして、被告人は、封筒をショルダーバッグの中に戻し、紙幣の枚数を数えた上、これを全部被告人着用のワイシャツの胸ポケットに入れるや立ち上がり、平田をその場に残したまま、一人歩き始めた。
（四）被告人は、紙幣を胸ポケットに入れて歩き始めた際、その場に残していく平田を振り返るなどの素振りを示すことはなかった。
前記認定にかかる状況下での被告人の行動は窃盗と考えて自然であって、特段の事情がない限り窃盗の故意に基づいてなされた行動であるということができるところ」

判決は余りにも一方的な論理で構築されていた。これでは、検察官や警察官の視点で事案を見ているのと同じである。松井は裁判官の視点の置き方に強い疑問を持った。

「さらに、証人川辺和重は、前記（三）の事実に先立ち、被告人が寝ている平田のすぐ左側に座り、平田のズボンのポケットや胸のポケットに触ったりしていたこと、それを見て、被告人が窃盗をするのではないかと思って、被告人と平田の約八メートル前後の距離に位置する柱の陰から注視を始めた旨を供述している。

川辺の供述は、その内容自体具体的であるし、川辺が鉄道警察隊東京分駐所に所属する警察官であって、以前から本件犯行現場付近においては、終電が出てしまった時間帯に泥酔者をねらったすり等が発生していることから、本件当日午前一時二〇分ころから、本件現場付近の警戒にあたっていたものであることが認められること、また、証拠によれば、本件現場の照明の点灯状況は必ずしも明らかではないものの、前記（一）ないし（四）記載のとおり、本件当時の客観的状況について川辺と被告人の供述に齟齬がないことにかんがみると、川辺が被告人の動作を見ることができる十分な明るさであったということができるから、川辺が、被告人が平田のポケットに触ったりしている点に限って、その動作を見誤ったとは考え難い。また、川辺は被告人とは面識もなく、川辺において、ことさら虚偽を述べて被告人実を罪に陥れ入れなければならないような事情はうかがわれない上、川辺が被告人に有利ともとれる事実（なお、被告人は、この点について、捜査段階においては記憶がない旨供述している）についても供述していることなどにかんがみると、その供述態度は誠実であるということができる。これらの諸点に照らすと、川辺の供述は信用性に疑問の生じるところは見当たらない」

捜査官が自分の職務活動及びその結果を正当化するために物事を誇張したり、虚偽を語ることは十分にありうる。裁判官はこのような事情を全く考慮しなかったようだ。警察官性善説とでもいう考えが前提になっているのであろうか。

「この点、弁護人は、争いのない事実のうち、被告人がショルダーバッグのショルダー部分をはずしている点、平田の傍らで紙幣の枚数を数えている点及び素手で触った封筒をショルダーバッグの中に戻している点を指摘し、被告人が真実仮睡盗を働いたのであれば、このような大胆な行動はとらない旨主張する。

確かに、これらの行動は常習的な仮睡盗の行動としては不自然というべきであるものの、前記認定のとおり当時本件現場にはほとんど人気がなく、それほど周囲を警戒する必要がなかった上に、被告人自身、立ち上がって歩き始めるまで、川辺の存在を認識していなかったことが明らかであるし、また、前掲証拠によれば、当時平田が泥酔して熟睡しており、そのことを被告人も認識し得たこと、被告人には同種前科もなく、その他常習的に仮睡盗を行っていることをうかがわせるような事情が存しないことなどを併せ考慮すると、被告人の行為が窃盗目的に出たものである点に疑問を生じさせるには足りないというべきである」

空疎な机上の空論だ。常習的な仮睡盗の行動と非常習的な仮睡盗で区別する前提は常識的ではない。

自由通路には少なからず人が通っていたわけだから、こっそり人の物を盗む仮睡盗者が大胆な行動に及ぶはずはない。そもそも通常人が犯罪に及ぶなどということには強い心理的抵抗感のあることだ。犯罪に及ぶためにはそれ相応の動機付けが必要である。

しかし、裁判官は、世の人々は簡単に規範意識を飛び越えて容易に犯行に及んでいるかのような意識を持っているようだ。彼女は、普通の人を見る眼を持ちあわせているのだろうか。

「さらに、弁護人は、当時川辺が興奮していたとして、その供述の信用性を争う。この点、川辺自身、被告人を現行犯人として逮捕し、交番に連れて行くまでの間、興奮していたことを自認する旨の供述をしているものの、前記のとおり、川辺はその職務として被告人の行動を視認していたこと、本件当時の客観的な状況については、前記（一）ないし（四）記載のとおり、川辺と被告人の供述に齟齬はないことなどに照らせば、川辺が本件当時の状況を正確に視認していたことは明らかであるし、その他、視認している段階で川辺が興奮していたことをうかがわせる事情は見当たらない。弁護人指摘の事実は、川辺の供述の信用性を減殺するに足りないというべきである」

裁判官は、川辺証言の信用性を判断するにあたって、物的証拠であるワイシャツ、ボタン及び破れたズボンを全く考慮していない。これでは全証拠を的確に評価・検討したとはいえない。

「これに対し、被告人は、公判廷において、前記（三）及び（四）記載の行動に出た際の認識及び状況について、大要以下のとおり供述する。

すなわち、『本件現場において、被告人が目を覚ました際、被告人は仰向けに寝ていた。被告人のすぐ右隣の男性も仰向けに寝ており、被告人は男性を職場の先輩である豊田健一だと思った。その際、品川駅にいることを認識していたのかどうかは分からない。被告人はとりあえず豊田を起こそうと思い、豊田さん、豊田さんと声をかけ、男性の体を揺するなどしたところ、返事が返ってきたが、気持ち悪そうで自力で帰宅することができる感じではなかった。既に終電が出てしまっていることは分かっているので、豊田をなんとかタクシーに乗せ浦和市の自宅に帰れるようにし、被告人は別のタクシーで帰ろうと思った。しかし、前日自宅を出る際の所持金は一万七〇〇〇円で、その後飲み会にも出席したため、本件当時の所持金はタクシー代に足りないから、豊田から金員を借りる必要があると思った。被告人は、豊田がそれに十分な金員を所持しているか否か確認しようと思い、お金、お金などと声をかけると、男性が気持ち悪そうに、でも、はっきりとかばん、かばんと言ったので、豊田のショルダーバッグの中に入っている金員を取り出すことについての承諾を得たものと思い、ショルダーバッグの中から封筒を取り出し、さらにその中から紙幣を取り出した。そして、被告人は、紙幣を数えたものの、その枚数が頭に入ってこなかったので、全部をポケットに収めた』というのである。

そこで、供述の信用性を検討するに、前掲証拠によれば、以下の事実が認められる。

(一) 豊田は、被告人が勤めていた会社の一年先輩であり、本件当時、被告人とは、勤務場所こそ異なっていたものの、平成一一年夏ころから私的に親しく交際していた。

(二) 被告人は、平成一二年六月二日午後七時前後から午後九時三〇分ころまで、池袋の居酒屋で行われた職場の仲間との飲み会に出席し、その際にビールを三リットルほど飲んだ。飲み会には、豊田も出席していた。その後、被告人らは、徒歩五分程度の距離にあるカラオケボックスに移動し、同所で二時間程カラオケに興じた。被告人は、同所においても飲酒したが、歌を歌った際にろれつが回らなかったようなことはなく、また、カラオケボックスを出た後、ふざけて同伴の女性の肩を組もうとした際、女性からこれをかわされ転ぶようなことがあったものの、その際も自力で立ち上がり、歩行には何ら問題のない状況であった。
（三）平田と豊田の容貌は似ているものではなく、また、本件当時、平田は青色長袖シャツ、茶色ズボンを着用し、黒色ナイロン製のショルダーバッグを所持していたもので、一方、豊田は、前記飲み会の際、薄いブルーのシャツ、タータンチェックの灰色のスラックスを着用し、深緑色革製の手提げかばんを所持していた。
（四）同月三日午前二時五〇分に行われたアルコール検知の結果によれば、被告人は、当時、呼気一リットルにつき〇・三ミリグラムのアルコールを身体に保有する状態にあり、その際の質問に対する被告人の答えの内容は具体的で、質問とかみ合わない点等は見受けられない。
以上の事実からは、被告人は、豊田と面識があり、その容貌をよく知っていたものであるし、平田と豊田とはその容貌のみならず、服装、所持品等が類似していたなどの事情も存しないといえるところ、被告人の本件前後の行動等からうかがわれる被告人の酔いの程度に加え、前記一において認定したとおり、本件当時川辺が被告人の行動を視認するのに十分な明るさがあったことからすれば、被告人がすぐ隣にいた人物の容貌等を確認するにも十分な明るさがあったことをも考慮すると、被告人が豊田と平田とを取り違える可能性は低いといわざるを得ない」

本件は被告人の心理状態がポイントになっている。第三者的な立場での考察だけでは不十分であり、具体的行為者の立場からの考察も不可欠である。しかし、裁判官は、前者に軸を置いて検討を進めたようで、後者からの考察はしていない。

「また、前掲証拠によれば、本件当日、飲み会に参加していた被告人以外の男性は、豊田を含め三人いること、池袋からの被告人と豊田の帰路は全く異なること、これまでに被告人と豊田が一緒に酔いつぶれたことは一度もないことが争いなく認められるところ、それにもかかわらず被告人が飲み会で一緒だった他の男性のいずれでもなく豊田だと誤認した理由については、何ら合理的な説明をしていない。以上によれば被告人が平田を豊田と誤認したというのは不自然不合理であるといわざるを得ない。

次に、被告人は紙幣一〇万円を取り出し、その全部を胸ポケットに収めているが、前掲証拠によれば、品川駅から、豊田及び被告人の自宅最寄り駅までのタクシー代の概算は、夜間料金及び高速料金を含めても合計四万円程度であり、被告人がタクシー代として胸ポケットに入れた一〇万円は客観的にはかなりの過分なものであったことが認められる。

この点に関し、被告人は、公判廷において、前記のとおり、本件当時品川駅にいることを認識していたかについてはよく分からないが、タクシーで帰宅しなければならないと思った、紙幣を数えたが枚数は頭に入ってこなかった旨述べているが、本件紙幣は一万円札が一〇枚であったことからすると、その額を把握するのに格別困難なものということはできない上、豊田は、被告人の職場の先輩なのであるから、被告人としては、自分の所持金を確認するなどした上、必要な範囲で豊田の所持金を預からなければ、今後の職場での人間関係において支障を来すことが明白であるところ、そのような言動を全くとっていないことも不自然である」

屁理屈である。少なくとも、飲酒酩酊に伴う昏蒙にある人間は冷静に判断して行動することなどできない。朦朧とした中で場当たり的な行動しかできない。飲酒酩酊した経験のある者なら容易に理解できそうな常識である。しかし、裁判官は、飲酒酩酊した経験がないのか、あくまでも冷静な行動ができたはずだという前提に立っている。

裁判官の朗読は続いた。

「また、被告人は、豊田をタクシーに乗せて帰宅させるつもりであったと述べるが、公判廷において、豊田が浦和に居住していることは知っているものの、その具体的な住所を言ったり、タクシーの運転手に行き先を案内するようなことはできない旨供述し、これについて検察官から豊田をタクシーに乗せてどうするつもりであったのか問われるや、被告人は、豊田をタクシーに乗せ込んだらそれで終わりであって、タクシーの運転手に対し行き先を告げることは考えていなかったと供述し、さらに、検察官から豊田が自身で行き先を告げることができない状態であったことを指摘されるや、それができる状態になるまで一緒にいればいいと判断したなどと供述している。その供述態度は場当たり的である上、仮に供述が真実だとすれば、豊田のことを顧みる様子もなく、本件現場から立ち去ろうとするのは不自然である。

以上によれば、被告人の供述する本件当時の被告人の行動等は、当時の客観的状況、被告人と豊田の人間関係等に照らし不自然なものであるといわざるを得ない」

裁判官は悟の言ったことを全然理解していない。悟はタクシー乗り場を探すために二、三歩歩き出しただけであり、本件現場を立ち去ったわけではない。また、検察官からの質問に対する受け答えも別に場当たり的ではない。酩酊していた者のとる行動としてごく自然な対応である。

「さらに、被告人の供述経過等についてみるに、被告人は、川辺から問い質された後、高輪警察署に行くまでの間、盗んでいないと述べるのみであったことについては争いがないところ、さらに加えて、高輪警察署において、本件当日午前一時五七分ころ作成された弁解録取書、その後作成された同日付け司法警察員に対する供述調書においては、金を盗んだことはない旨の供述に、同日付け司法警察員に対する供述調書及び同月四日付け検察官に対する供述調書においては、会社の先輩だと思った旨の供述に、同月五日付け勾留質問調書においても、検察庁で述べたとおりである旨の供述にそれぞれとどまっており、同月二〇日付けの検察官に対する供述調書において初めて、豊田と取り違えた旨の供述がなされていることが明らかである」

裁判官は弁号証を読んでいないようだった。六月一四日付け悟の望月宛手紙にはきちんと豊田の名前が記載されている。裁判官の指摘は誤りである。

「また、紙幣を抜き取った理由に関しても、同月三日付け司法警察員に対する供述調書においては、一緒に帰ろうと思った旨の供述に、同月四日付け検察官に対する供述調書においては、金を借りてタクシーで帰ろうと思った旨の供述に、さらに公判廷においては、前記のとおりの内容となっているので、その理由とするところは変遷している。

その他、被告人の捜査段階及び公判段階の一連の供述をみると、本件現場が品川駅であることの認識や、仰向けに寝ていた男性の容貌や服装等について確認したか否かなどの点についても変遷を遂げており、いずれも、その供述経過、供述の変遷について合理的な説明はなされていない」

結論から言えば、変遷していない。警察官が悟の説明内容をきちんと供述調書に書かなかっただけのことだ。それでも、変遷しているから信用しないと認定するのが刑事訴訟の実務である。捜査官が作成する供述調書は正確なものではないし、捜査官が理解不足のまま調書を作成することはよくあることだ。そのような誤謬を被告人供述の変遷であるとされてはたまったものではない。やはり捜査段階では、完全に黙秘して捜査当局に一切供述調書を作成させない方が適切だということになろうか。

「以上のとおり認められる、被害者と豊田を誤認する可能性、当時の自身の行為に関する被告人の供述内容、供述経過等に照らせば、被告人の公判廷における供述の信用性は低いといわざるを得ない。

この点、弁護人は、医師中島直作成の意見書や意見補充書によれば、被告人は単純酩酊の麻痺期にあったものであり、その際、昏蒙が起こり、精神の二次的な機能（認知機能）が障害され、その結果として一時機能（知覚など）が障害され人物の同一性を誤認するといった錯覚が起こりやすくなり、顔を一瞥したとしてもこの錯覚が解消しないことがあり得、また、本件当時は入眠していた被告人が覚せいした直後であった可能性が高く、そのことも酩酊に加えて意識レベルの低下をもたらしたものであること等が明らかであるから、被告人の供述するところは、自然なものであって信用性が高いと主張する。

意見書は誤認可能性について一般的な見解を述べたものであるにとどまり、本件前後の状況等を含めその所見をも総合したものではないからこれを直ちに採用することはできないし、被告人は、前記のとおり客観的状況を把握していなかった旨の供述をする一方、本件当時終電が出てしまっていることや本件前日自宅を出るときの所持金が一万七〇〇〇円であったからタクシー代が足りないと思っていたなど、本件当時、その前日の状況を含め自身の置かれている状況を十分に認識していたことをうかがわせる供述をもしていることからすれば、被告人が本件行為時の状況について被告人が弁解するような誤認が部分的に生じているのは不自然であるといわざるを得ない」

意見書は前後の状況等に関する所見を総合した結果であり、一般論を述べただけであるとの断定は間違っている。また、裁判官は精神医学的な知見を有していなかったがゆえの誤りを犯している。悟がいうような誤認が部分的に生じることこそが昏蒙の特徴である。逆に、すべての認知が異常になる状態は通常存在しない。

「また、弁護人は、被告人が当時定職を有しており、貯蓄もあったなどとして、犯行の動機がない旨主張するも、本件は、常習的な仮睡盗とはいえないし、また、生活費等に窮して及んだ犯行ではなく、終電が出てしまった後の前記のような状況下で偶発的に金員を得ようとしたものとみる場合、特に犯行の動機に欠けるものとはいえない。

以上のとおりであるから、被告人の行動は、窃盗目的のための行動として合理的であるところ、被告人の弁解が不自然で、かつ、不合理な経過、変遷を遂げていることを併せ考えると、被告人に窃盗の故意はもちろん不法領得の意思があったことが認められる。弁護人の主張は採用することができない」

悟は愕然とした。動くことができなかった。一方的、余りにも一方的な偏見が悟を蹂躙していた。取調べで警察官や検事から偏見をもって扱われたときと同じだった。

裁判官は、判決文を読み上げ、不服があれば控訴申立書を二週間以内に出すようにと告げた後、法廷を後にした。検察官は神妙な顔つきで法廷から出ていった。

望月は呆然として椅子から立ち上がることができなかった。ショックの余り何もしゃべれなかった。望月は最後の最後まで裁判所では正義が実現されるものと信じていたからだ。その信頼は根底から覆された。足元の地面が崩壊して奈落の底に突き落とされたような気分であった。自分は裁判で正義を実現するために弁護士になった。しかし、裁判所には正義なんかない。この不条理と闘うには望月は若すぎた。全く納得できない現実を受け容れることは到底できなかった。

松井には望月の心の中の葛藤が手にとるように分かった。

「だから言ったろ、裁判所は権利救済の最後の砦なんかじゃない、ただの人権侵害機関だって」

◉あとがき

これは一つの敗戦記である。

正直言って、負けた事件を世に公表することには心理的な抵抗感があった。己の無力さをさらけだすようだと思うからだ。

しかし、己の無力さが公になろうがなるまいが、本書で社会に問題提起するべき価値は極めて大きいと考え、悟とともに執筆することを決意した。本書の発行により、刑事司法の現状や問題点に対する理解が全国的なレベルで広がることを心から期待する。

本書の随所で指摘したことだが、司法に対する国民の監視は無きに等しい。刑事法学者から刑事司法は絶望的であると言われて久しいが、その根本的な原因は国民によるチェックが不十分だからである。冤罪が多発するのは刑事裁判官の事実認定力の低さや裁判所において無罪判決をだしにくい雰囲気が充満していることに原因がある。それは国民による監視の目が行き届いていないからであると思う。裁判官が判断するにあたり常に国民の目にさらされていると意識すれば、一つ一つの事件に対する取り組み方は一八〇度変わるであろう。現状では、そこまでのプロ意識を持った裁判官は少ない。平均的な裁判官は、山のようにある事件を迅速に処理することに傾注している。それゆえ無罪になるか否か微妙な事件でさえ、あっさりと有罪にしてしまう。

権力は腐敗する。これは古今東西広く知れ渡った経験的な「真理」である。人を裁くことも権力行為である。とすれば、腐敗するのは当然である。それを防ぐためには権力をチェックする歯止めが必要である。

わが国の統治機構上、第一次的には、国会や内閣が司法を監視する責務がある。しかし、国会や内閣に司法への監視を期待することはできない。戦後、適切に監視する機能を果たしていなかったために、刑事司法の悲惨な現状を招いたといえるからだ。したがって、司法の監視役はマスコミを含めた国民がやるしかない。

話を本書のことに戻そう。

本巻は敗訴判決を受けた時点で終わる。

第二巻ではショックを受けた悟が悩みながらも控訴を申し立てるところから始まる。弁護団は従前通りの体制で臨む。我々は敗訴判決で傷つきながらも正義を目指して悟とともに闘う。詳細は第二巻に譲ることにするが、皆様にも、是非読んでいただきたい。

最後に、現代人文社の成澤壽信編集長には心から感謝の辞を述べたい。成澤編集長は、刑事司法の現状を憂い、間違ったベクトルを少しでも変えようと尽力する闘士である。そうであるからこそ、我々の拙い書を発行するという決断をしてくれたのだ。

ともあれ、本書を発行して下さった成澤編集長に心から感謝申し上げる。

二〇〇二年一二月

松井清隆

Special Thanks !!

飯田享三郎
池上正樹
石沢香
石井哲・行子
石井哲二・美香
石井厚・友美
石田壱成
石田博士
今井博史
馬本知美
大山時露
加藤亜紀子
勝田潤
勝田洋子
倉橋博文
黒沢テイ
後藤考乃
小林直
佐脇武士
高橋美智子
田中東順・節子
津島浩美
土屋健司
寺山伸一・千鶴
土井源夫
長崎早苗
中島直
中谷陽二
成澤壽信
西村希一
林雅之
原大輔・直子・恭平
本田憲一
本間光次・富美子
皆見純
村主彦・朝子
山内淑央
渡辺真奈美
さくら共同法律事務所の皆さん

刑事弁護物語

酩酊《めいてい》えん罪　裁かれるべきは誰か

2003年1月10日　第1版第1刷

編　者●石原悟＋松井清隆
発行人●成澤壽信
発行所●株式会社現代人文社
〒160-0016　東京都新宿区信濃町20　佐藤ビル201
振替●00130-3-52366
電話●03-5379-0307（代表）
FAX●03-5379-5388
E-Mail●daihyo@genjin.jp（代表）
hanbai@genjin.jp（販売）
Web●http://www.genjin.jp

発売所●株式会社大学図書
印刷所●株式会社ミツワ
装　丁●清水良洋

検印省略　PRINTED IN JAPAN
ISBN4-87798-112-8-C3032